Katrin Grodzki

Theaterarbeit mit schwer traumatisierten Kindern und Jugendlichen

Wie das Theater bei einer Posttraumatischen Belastungsstörung helfen kann

Bibliografische Information der Deutschen Nationalbibliothek:

Die Deutsche Nationalbibliothek verzeichnet diese Publikation in der Deutschen Nationalbibliografie; detaillierte bibliografische Daten sind im Internet über http://dnb.d-nb.de abrufbar.

Impressum:

Copyright © Studylab 2019

Ein Imprint der GRIN Publishing GmbH, München

Druck und Bindung: Books on Demand GmbH, Norderstedt, Germany

Coverbild: GRIN Publishing GmbH | Freepik.com | Flaticon.com | ei8htz

„Wenn er was getrunken hatte, was so gut wie jeden Abend vorkam, wurde es schlimmer. Wie er mich anschaute, welche leisen Geräusche er machte, wie er seine Hand bewegte, wie sanft und unauffällig er es tat. Irgendwann wo er sich sicher fühlte, wo es schon lange Zeit so verlief, fing er an mich auch unten zu bedrängen. Im ganzen Haus, sogar draußen. Er gab mir das Gefühl er kann machen was er will mit mir und keiner sieht es, keiner merkt es."

(Marion M.)

Für meine wundervollen Eltern,

meinen geliebten Andrés,

meine verständnisvolle Therapeutin,

und meine tapfere Marion.

Inhaltsverzeichnis

1 Abstract

Diese Bachelorarbeit soll aufzeigen, inwiefern schwer traumatisierten Kindern und Jugendlichen mit Hilfe des Theaters geholfen werden kann.

Ich werde in einem ersten Schritt aufzeigen, wo sich die Theaterpädagogik und die Theatertherapie heute befinden und wie sich diese definieren lassen. Als nächstes möchte ich auf die sogenannte PTBS (Posttraumatische Belastungsstörung) eingehen, da man verstehen muss, wie sich die Traumatisierung auf die Kinder und Jugendlichen auswirkt, um gezielt mit Hilfe des Theaters an den Symptomen und Folgen einer PTBS arbeiten zu können. Anschließend folgen Stellungnahmen bezüglich der Wirkung des Theaters an sich. Es werden zwei verschiedene Arbeitsansätze vorgestellt, welche einen exemplarischen Einblick in die Arbeit mit traumatisierten K. und J.[1] bieten sollen. Die interdisziplinären Anforderungen an den Pädagogen lassen sich hierbei durch den gesamten Text Schritt für Schritt herauskristallisieren und werden am Ende der Ausarbeitung nochmals explizit von mir benannt.

In meiner Ausarbeitung möchte ich als Beispiel sexuell missbrauchte Kinder und Jugendliche nehmen, da der sexuelle Missbrauch eine besonders schwere Form der Traumatisierung darstellt. Sie hat gravierende Auswirkungen auf die Persönlichkeit, das Selbstbild und vieles mehr. An dieser Stelle sei jedoch auch zu bemerken, dass wir im Strom der zurzeit herrschenden Flüchtlingskrise viele K. und J. aufgenommen haben, welche durch die Schrecken des Krieges in ihrem Land ebenfalls schwer traumatisiert wurden. Auch für diese K. und J. könnte eine gezielte, professionelle Theaterarbeit helfen, die traumatisierenden Erfahrungen verarbeiten zu lernen beziehungsweise besser damit umgehen zu können.

Ich habe mich für dieses Thema entschieden, da ich selber in einer schwierigen Lebenssituation am eigenen Leib erleben durfte, wie hilfreich Theater sein kann. Es hat mir neue Perspektiven und Handlungsalternativen für mein Problem aufgezeigt und gleichzeitig habe ich es geschafft eine Distanz zu meinen traumatischen Erfahrungen zu gewinnen. Durch meine Erfahrungen bin ich der festen Überzeugung, dass Theater bei K. und J. aber auch allen anderen Altersgruppen hilfreich sein kann, da die ästhetischen Künste Möglichkeiten erbringen sich auf andere Art

---

[1] Kinder und Jugendliche werden im Folgenden mit „K. und J." abgekürzt

und Weise zu artikulieren, mit sich selbst auseinanderzusetzen und sich zu reflektieren.

2 Theaterpädagogik oder Theatertherapie? – Theaterarbeit!

Die Theaterpädagogik ist eine sehr junge wissenschaftliche Disziplin und so ist es kaum verwunderlich, dass sie noch keine einheitliche Definition sowie Fachsprache besitzt. Aus diesem Grund fällt es dieser leider auch noch immer schwer sich wissenschaftlich zu etablieren (Klahn, S. 22 f.). Bei der Theatertherapie finden wir die selbe Problematik (Neumann, 2002, S. 12 f.). Die dramatherapeutische Theoriebildung sei noch lange nicht abgeschlossen (Martens, S. 56). Einigkeit herrsche somit noch nicht in allen Bereichen, jedoch kann so viel bereits gesagt werden. Die Theaterpädagogik schwankt zwischen dem ästhetischen Erfahrungsraum (Theater) und dem Bildungsprozess (Pädagogik). Hierbei lassen sich zwei Extrempole herauskristallisieren: das ästhetische Produkt und der soziale Prozess (Bidlo, 2006, S.39). In den 1970er Jahren konnte man die Theaterpädagogik als Sozialerziehung betiteln. Hier ging es vor allem um die Vermittlung sozialer und kommunikativer Schlüsselqualifikationen sowie der Fähigkeitsschulung in Empathie, Identitätsfindung, Toleranz, Rollenerprobung und vielem mehr. In den 1980er Jahren änderte sich dieser Blickwinkel. Nun ging es vielmehr um eine therapeutisch arbeitende Theaterpädagogik, welche ihren Fokus auf das Individuum und dessen Biographie rückte. Die Theaterpädagogik wurde als eine Möglichkeit der Therapieform betrachtet (Bidlo, 2006, S. 35 ff.). Ästhetische Bildung wurde als Persönlichkeitsbildung angesehen. An dieser Stelle ist der Theaterpädagoge Augusto Boal zu benennen. Dieser entwickelte das *Theater der Unterdrückten* (T.d.U.) in Rio de Janeiro, wo seinerzeit eine Militärdiktatur herrschte. Er wollte mit seinem T. d. U. auf die offenen und sichtbaren Unterdrückungsmechanismen aufmerksam machen und die dort lebenden Menschen zu Handlungsalternativen bewegen (ebd., S. 74 ff.). Damals war seine Arbeit politisch motiviert. Ab den 70er Jahren reiste er durch Europa und entwickelte seine Theatermethoden weiter. Seine Arbeit wurde immer mehr eine präventiv – therapeutische (ebd.), da er bemerkte, dass es in Europa durchaus offene, direkte Unterdrückung wie beispielsweise Rassismus oder auch Sexismus gab, aber dass neben dieser Form durchaus mehr versteckte, subtilere Formen von Gewalt und Unterdrückung existierten. Hierzu zählte er unter anderem die Einsamkeit, die Angst vor der inneren Leere, Selbstzweifel, Selbstzerstörung und Kommunikationsschwierigkeiten. Diese Unterdrückungen fasste er unter dem Begriff der seelischen Unterdrückung zusammen und bemerkte, dass es eine unsichtbare und im Individuum selbst begründete Eigenunterdrückung sei (ebd., S.83 ff.). Boal war der Auffassung, dass seine Methoden zum Lernen über sich selbst und als Schlüssel zur Lösung innerer Verstrickungen angewendet werden könne.

Er selbst unterteilt seine Arbeit in drei Hauptbereiche: den Erziehungs-, Sozial- und Therapiebereich (Vogtmann, 2010, S. 27 ff.). An anderer Stelle wird detaillierter auf seine Arbeit und Theorie eingegangen.

In den 90er Jahren war in der Theaterpädagogik wieder eine entgegengesetzte Tendenz zu erkennen. Abgelehnt wurde eine pädagogische Instrumentalisierung des Theaters und die Wiederentdeckung seiner ästhetischen Qualitäten. Anders formuliert können wir sagen, dass nun die Ästhetik und somit das Theater in den Vordergrund der Arbeit gerückt wurde. Verwiesen wurde hierbei darauf, dass die ästhetischen Künste per se einen Bildungscharakter aufweisen (Bidlo, 2006, S. 36ff.). Auf diesen Aspekt des Bildungscharakters wird an anderer Stelle nochmal eingegangen.

Haun bringt Theaterpädagogik folgendermaßen auf den Punkt:

> „Der Ort der Theaterpädagogik ist also die Pädagogik – um es genauer zu sagen: die Wissenschaft Pädagogik. Vermutlich jedoch in einem weitaus stärkeren Maße als dies Musik- und Kunstpädagogik leisten (wollen), stellt Theaterpädagogik neben ihre besondere künstlerisch-kreative Bildungsarbeit die Persönlichkeit der Menschen, mit denen sie zu tun hat, und betreibt somit Persönlichkeitsbildung. Ihr Gegenstand ist also die Kunst des Theaterspiels wie auch die Person der Darstellung" (ebd., S. 32f.).

Die Theatertherapie grenzt sich von der Theaterpädagogik ab in dem diese Folgendes zu verstehen gibt:

> „In der Regel setzen die Praktiker sich mit der Betitelung „therapeutisches Theater" von der Theaterpädagogik ab, um deutlich zu machen, dass Theater dezidiert auf der Basis therapeutischen Handelns praktiziert wird und der therapeutische Effekt nicht ein Begleitphänomen ist, wie er in theaterpädagogischer Arbeit vorkommen kann." (Neumann, 2002, S.14)

Meines Erachtens liegt genau hier der Fehler. Die Theaterpädagogik und die Theatertherapie sollten sich zusammenschließen, um eine Theaterarbeit zu entwickeln, welche den Kindern und Jugendlichen ermöglicht, sich selbst zu entfalten, sich zu akzeptieren, Identität zu finden und vieles mehr. Der therapeutische Effekt sollte auch in der Theaterpädagogik kein Begleitphänomen sein, wenn sie sich auf das von mir gewählte Klientel bezieht. Doch was viele vergessen, vor allem die Theatertherapeuten, ist die selbstheilende Wirkung des Theaters. Sexuell missbrauchte Kinder und Jugendliche brauchen professionelle Psychologen, welche sich mit den traumatischen Erlebnissen auseinandersetzen, damit die K. und J. diese verarbeiten können. Die Theaterarbeit sollte hierbei als ein unterstützender Prozess betrachtet werden, der bei den K. und J. schwerwiegende Symptome und Folgeerscheinungen lindern kann. Die Theaterarbeit kann keine Posttraumatische Belastungsstörung (welche sich aufgrund des traumatischen Erlebnisses entwickeln kann) heilen. Hierfür ist der Therapeut/die Therapeutin zuständig. Psychotherapeutische Verfahren lassen sich meines Erachtens nach nicht durch das Theater ersetzen. Die Theaterarbeit sollte jedoch den Kindern einen Raum für ihre Emotionen, für ihre Ängste und Sehnsüchte bereitstellen. Sie sollte diesen einen Raum geben, in dem sie sich wohl und einer Gruppe zugehörig fühlen können, ohne sich verstellen zu müssen. In der sie so sein können, wie sie sind. Aufgrund der bei mir als Beispiel aufgeführten sexuell traumatisierten K. und J. ist zu erkennen, dass sie sich in ihrer Schulgruppe sowie in ihrem sozialen Umfeld nur schwer integrieren können (Levin, 2002, S. 206). Plausibel und durchaus nachvollziehbar bei dessen Erfahrungen und extremen Belastungssituationen. Die Theaterarbeit sollte ihnen helfen sich selbst zu entfalten und ihre Probleme offen zeigen zu können. Selbstverständlich in einem geschützten Rahmen. Denn die Tabuisierung dieser Thematik verstärkt die Scham der sexuell missbrauchten K. und J. noch mehr. Hierzu folgen im nächsten Kapitel weitere Ausführungen.

Im Folgenden möchte ich bewusst weder von Theaterpädagogik noch von Theatertherapie sprechen. **Theaterarbeit** ist das Stichwort. Theaterkunst, welche Menschen helfen kann, sich ein Stück weit selbst wiederzufinden und sich neu zu entdecken. Welche aufzeigen sollte, dass man so wie man ist, gut ist.

Über Begrifflichkeiten lässt sich streiten. Ich möchte mit dieser Arbeit nicht einen fachwissenschaftlichen Diskurs darüber führen, wer dafür zuständig ist, dass diesen K. und J. mit Hilfe des Theaters geholfen wird. Ich möchte aufzeigen **WIE** man helfen kann. Ob sich die Theaterpädagogik letztendlich dafür auch verantwortlich fühlen wird, liegt bei den Theaterpädagogen/Innen.

Ingrid Hentschel betont, dass sich die Theaterpädagogik zwischen dem Hintergrund der Traditionen bewege, auf die sie sich jeweils bezieht, im Spannungsfeld von Pädagogik, Politik und Gesellschaft (2008, S.3). Auch das Theater an sich sollte immer dem Kontext der Zeit und Gesellschaft angepasst werden. Die aktuelle Situation der Theaterpädagogik wird von Hentschel wie folgt beschrieben:

„Heute wird Theaterpädagogik vorrangig als Möglichkeit gesehen, Schlüsselqualifikationen für die Lebenswelt durch ästhetische Erfahrung zu erwerben, also die Eigenständigkeit künstlerisch vermittelter Erfahrung im Hinblick auf die in der Lebenswelt geforderten Kompetenzen zu betonen." (ebd., S.5)

Meiner Ansicht nach hat sich hier die Theaterpädagogik noch nicht ganz der aktuellen gesellschaftlichen Lage angepasst. Eine Anknüpfung an die in den 80er Jahren betriebene Theaterpädagogik ist in der aktuellen Zeit von Nöten. Denn wo befindet sich unsere Gesellschaft heute? In der Neuzeit ist ein mechanistisches Weltbild entstanden („die Welt sei eine Maschine, der Mensch auch; die Wissenschaft habe diese Maschinen zu überwachen und zu kontrollieren, gegebenenfalls Störungen zu reparieren" (Lipinski, 2002, S.50)). Neben vielen positiven Effekten gibt es selbstverständlich ebenso die negativen Tragweiten eines solchen Weltbildes. Emotionen, Gefühle, das Innere des Menschen rücken immer weiter in den Hintergrund. Wer nicht funktioniert, wird ausgeschlossen. Die ästhetischen Künste sollten hier einen therapeutischen, heilsamen Rahmen bieten diese in den Hintergrund gedrängten Faktoren wieder in die Gesellschaft zu integrieren. Denn auch wenn dies viel erleichtern würde: Menschen waren noch nie, sind und werden nie wie Maschinen funktionieren können. Schon lange nicht Menschen, dessen Seele bereits in der Kindheit durch schreckliche Ungerechtigkeiten und Gräueltaten gebrochen wurde (seien dies Kriege oder andere Gewalttaten). Aus diesem Grund sollte meiner Ansicht nach die Theaterpädagogik wieder einen ganz nach Augusto Boal therapeutisch – präventiven Rahmen einnehmen. Und zwar ohne dabei das Theater zu instrumentalisieren. Brook verdeutlicht, dass man das Theater nicht zu Zwecken der Behandlung missbrauchen sollte. Doch meiner Ansicht nach tut man dies in keinster Weise. Schon in der Antike wurde das Theater als Katharsis benutzt. Warum? Weil das Theater einen Raum bietet, der Heilungsprozesse von selbst in Gang setzt. Die Ästhetik des Theaters, das Spielen an sich liefert schon alles was benötigt wird, um heilend zu wirken. Hierzu folgen später ebenfalls ausführlichere Informationen.

Im nächsten Kapitel wird das Trauma beziehungsweise die Posttraumatische Belastungsstörung aus psychologischer Sicht beschrieben. Denn um mit traumatisierten K. und J. arbeiten zu können, muss man, wie bereits erwähnt, erst einmal verstehen, wie sich diese K. und J. fühlen, wie sie denken und handeln.

3 Das Trauma - Die Posttraumatische Belastungsstörung

Um mit traumatisierten K. und J. arbeiten zu können, braucht man selbstverständlich als erstes Grundwissen einen Einblick in die psychologische Sicht der Posttraumatischen Belastungsstörung. Was macht diese Kinder und Jugendlichen aus? Worauf muss man als Pädagoge/In sensibilisiert werden?

Man muss verstehen, wie das Traumagedächtnis funktioniert, um in einem weiteren Schritt zu verstehen warum die K. und J. so sind wie sie sind und wie das Theater helfen kann. Auch hier ist nur ein kleiner Einblick möglich:

3.1 Das autobiographische Gedächtnis

Allen voran sei bemerkt, dass es zum jetzigen Zeitpunkt noch keine klar verifizierte, einheitlich akzeptierte Theorie zu diesem Untersuchungsgegenstand gibt, da es sich hierbei ebenfalls um ein noch junges Forschungsfeld handelt (Maruszewski 2005, 193).

Die Erinnerungen und Informationen, welche im autobiographischen Gedächtnis gespeichert werden, lassen sich als autobiographische Erinnerungen zusammenfassen. Was macht diese Erinnerungen nun aus?

> „Als autobiographische Erinnerungen werden [...] alle Erinnerungen bezeichnet, die sich auf komplexe, subjektiv bedeutsame Ereignisse beziehen, die in einem bestimmten raumzeitlichen Kontext erlebt wurden." (Jungert, 2013, S.45).

Somit ist zu erkennen, dass Erinnerungen, welche im autobiographischen Gedächtnis vorhanden sind, immer einen Bezug zur eigenen, personalen Vergangenheit haben und diese somit eine entscheidende Bedeutung für die biographische Identität von Personen darstellen (ebd., S. 47). Aus diesem Grund haben diese Erinnerungen immer einen hohen Selbstbezug, auch „self reference" genannt (Maruszewski, 2005, S. 20). Hierzu kann auch noch ergänzt werden, dass die Identität eines Menschen und seine Selbsteinschätzung stark von dem autobiographischen Gedächtnis beeinflusst wird (ebd., S. 37). Nicht verwunderlich ist also, dass sich die Identitätswahrnehmung nach einem traumatischen Ereignis stark verändert.

Ebenfalls ist zu beachten, dass Emotionen eine entscheidende Rolle bei der Kodierung und Erinnerung von Informationen spielen. Die Genauigkeit und Beständigkeit nimmt mit der Stärke von Emotionen zu. Zweifellos ist, dass Informationen, welche im autobiographischen Gedächtnis gespeichert werden, immer einen hohen emotionalen Grad besitzen, da diese für das jeweilige Individuum und somit für dessen Biographie eine persönlich relevante Rolle darstellen (Jungert, 2013, S. 45).

Forscher machen zudem auf die „narrative Funktion des autobiographischen Gedächtnisses" (Wagner-Egelhaaf, 2005, S. 90) aufmerksam. Sie sind der Auffassung, dass das autobiographische Gedächtnis Erinnerungen in Form einer Narration speichert und wiedergibt. *Narration* wird wie folgt definiert: „semiotic representation of a sequence of events, meaningfully connected in a temporal and causal way" (Jungert, 2013, S.77). Man kann daraus schließen, dass die Erinnerungen im autobiographischen Gedächtnis nicht nur faktisch als Aufzählung vorliegen, sondern diese zeitlich und ebenso kausal angeordnet und miteinander verbunden werden. Nicht verwunderlich also, dass Bluck und Habermas die biographische Identität als „narrativ strukturiertes praktisches Bewusstsein" (ebd., S. 126) verstehen. Was ist bei einem traumatischen Erlebnis nun anders?

In der Psychologie wird die durch das traumatische Erlebnis auftretende *Posttraumatische Belastungsstörung* (PTBS) unter anderem wie folgt beschrieben:

> „[o]bwohl umstritten [...] zumeist übereinstimmend als eine manchmal erst später erfolgte Reaktion auf ein überwältigendes Ereignis beschrieben, und zwar in Form von wiederkehrenden und unentrinnbaren Halluzinationen, Träumen, Gedanken oder Verhaltensweisen." (Caruth, S. 85).

Hierbei ist zu beachten, dass Untersuchungen ergeben haben das traumatische Erlebnisse bruchstückhaft kodiert werden (Maruszewski 2005, 31) (**fragment**, vgl. Abbildung S. 9). Konkret bedeutet dies, dass Personen, die gerade das traumatische Erlebnis erfahren, nicht in der Lage sind, aus den Geschehnissen direkt eine vollständige Narration im autobiographischen Gedächtnis zu bilden. Bei Caruth können wir hierzu folgendes lesen:

> „Das Trauma stellt die Konfrontation mit einem Ereignis dar, das aufgrund seiner Unvermitteltheit und Grauenhaftigkeit nicht in die Schemata vorherigen Wissens eingepa[ss]t werden können. Da das Geschehen während seines Ablaufes nicht völlig integriert wurde, kann das Ereignis, so Janet, nicht zu einer in die abgeschlossene Geschichte der Vergangenheit eingebetteten „narrativen Erinnerung" werden." (Caruth, 2000, S. 93).

Die Gedächtnisforschung legt hierzu nahe, dass „unsere Erlebnisse normalerweise in verarbeiteter Form gespeichert werden" (Ehring & Ehlers, 2012, S. 27) (eben in einem zeitlich räumlichen kausalen Zusammenhang).

„Bei traumatischen Erlebnissen [wiederum] ist diese Verarbeitung unvollständig. Ein Trauma ist so überwältigend, so anders als alles bisher Erlebte, und passiert meist so unerwartet, dass man nicht in der Lage ist, das Trauma schnell und geordnet zu verarbeiten. Zum einen wird daher das Erlebnis, insbesondere die schlimmsten Momente, sozusagen in unverarbeiteter Rohform im autobiographischen Gedächtnis abgespeichert. Diese Rohform zeichnet sich v.a. dadurch aus, dass sie viele der ursprünglichen Sinneseindrücke, Gefühle und Körperempfindungen enthält und nur wenig geordnete bzw. verarbeitete Gedanken." (ebd., S.27 f.)

Erst nach einer gewissen Zeit kann die betreffende Person die Informationen zu einer stimmigen Geschichte verbinden. Und meist auch nur mit Hilfe eines Therapeuten/einer Therapeutin. Vor allem bei solch schwerwiegenden traumatischen Erfahrungen wie der sexuellen Misshandlung in der Kindheit. Die Erlebnisse werden verdrängt, ins Unterbewusstsein vergraben. Freud ist hierbei der Auffassung, dass die Erinnerungen, welche noch nicht in eine vollständige Narration eingebettet werden konnten, für einen gewissen Zeitraum sozusagen „einfrieren" (**freeze**, vgl. Abbildung S.9). Diese zeitliche Verzögerung bezeichnet er als Latenzzeit (vgl. ebd., 89f.). Sie entsteht, weil man zum Zeitpunkt, in dem das traumatische Erlebnis stattfindet, dieses nicht vollkommen in das Bewusstsein einlassen kann, oder weil es nicht in einer Ganzheit erfahren wird, sondern, wie oben bereits erwähnt, bruchstückhaft. Bruchstückhaft kodiert wird es, weil die während des Traumas Betroffenen mit der Verarbeitung des Erlebnisses überfordert sind (Ehring & Ehlers, S. 30). Das Geschehene kann erst später wirklich erfahren werden. Dies geschieht, indem die traumatisierte Person erneut von dem Trauma „in Besitz genommen wird" (Caruth, 2002, S.85).

Zusammenfassend kann man sagen, dass „[d]as Trauma [...] als zusammenhängender Ablauf von einem Ereignis zu seiner Verdrängung und schließlich zu seiner Wiederkehr zu verstehen [ist]." (ebd., S.89). Bei der Verdrängung wird davon ausgegangen, dass nach dem Ereignis ein blockierender Faktor das betreffende Individuum daran hindert, die Geschehnisse aufzurufen. Nach einem gewissen Zeitraum (dieser kann einige Tage, aber auch viele Jahre andauern) folgt dann die „Rückkehr" des Ereignisses (vgl. Maruszewski).

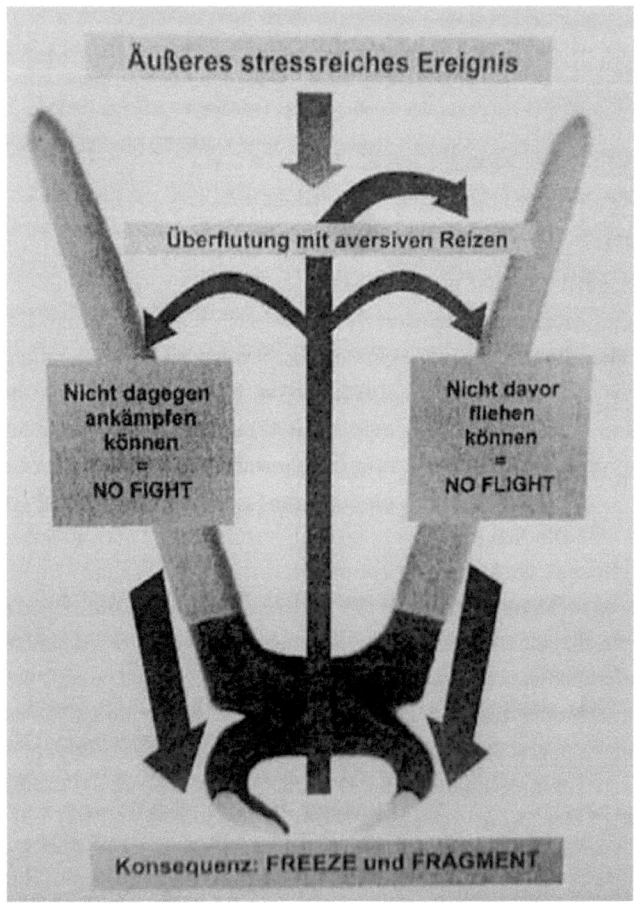

(aus: Huber, 2003, S. 39)

Die kognitiven Strategien, wie beispielsweise die Derealisation während des Traumas, sind wichtige Überlebensstrategien, wenn man beispielsweise vergewaltigt wird. Auf diese Weise ist man in der Lage das Ereignis zu ertragen, da man weder kämpfen noch fliehen kann. Leider bleiben oftmals als Symptome ebenfalls diese kognitiven Strategien noch nach dem Trauma bestehen, da unser Gehirn nicht begreifen kann, dass die Gefahr vorüber ist, da das fragmentierte Kodieren verhindert, dass man das Ereignis, wie bereits erwähnt, zeitlich und räumlich einordnen kann. Somit kann unser Gehirn nicht begreifen, dass das traumatische Ereignis vorüber ist. Bildhaft können wir uns die Traumaerinnerung wie folgt vorstellen:

„Die Besonderheiten der Traumaerinnerung lassen sich vielleicht am besten in einem Bild zusammenfassen. Dabei kann man sich das Gedächtnis wie einen Schrank vorstellen. Alltägliche Erinnerungen werden in diesem Schrank abgelegt, in dem sie zunächst ordentlich gefaltet (d.h. verarbeitet) und dann an den passenden Ort eingeordnet (d.h. mit ähnlichen Erinnerungen und relevanten Informationen verbunden) werden. Daher können diese Erinnerungen bei Bedarf wieder hervorgeholt werden, sie fallen aber nur selten von alleine aus dem Schrank heraus. Die Speicherung der Traumaerinnerung im Gedächtnis kann hingegen mit der Situation verglichen werden, dass viele Dinge ungeordnet ganz schnell in diesen Schrank hineingeworfen werden, so dass man die Tür nicht ganz schließen kann. Die Tür wird daher häufig aufgehen, und die Dinge werden wieder aus dem Schrank herausfallen." (Ehring & Ehlers, 2012, S. 28).

3.2 Posttraumatische Belastungsstörung – Folgen und Symptome

- ungewolltes Wiedererleben des Traumas (bspw. in Form von Flashbacks, Albträumen)
- Probleme der Erinnerung an das Trauma
- Vermeidung
- Interessenverlust, Gefühlstaubheit und Entfremdung (Veränderung der Identitätswahrnehmung)
- Schlafstörungen und Konzentrationsschwierigkeiten
- Reizbarkeit und Ärger
- Tendenz zur Isolation und zum Rückzug von sozialen Kontakten
- Apathie
- Abstumpfung von emotionalen Gefühlen
- Scham (und daher folgend: Unfähigkeit über die traumatischen Erlebnisse zu sprechen)
- paradoxes Gefühl von Schuld (hieraus folgen: Selbstkritik und Selbstzweifel)
- Übermäßige Wachsamkeit und Schreckreaktionen

3.2.1 Komorbidität

- Depression
- Alkohol-, Drogen oder Medikamentenkonsum
- Probleme in zwischenmenschlichen Beziehungen

- Probleme im Selbstbild und im Umgang mit Gefühlen

- Borderline-Störung (kann sich in Folge von traumatischen Erlebnissen in Kindheit oder Jugend entwickeln)

- Körperliche Einschränkungen (wie bspw. chronische Schmerzen im Unterleib, Harnverhalt)

- Angstzustände (Ausweitung bis hin zu Panikattaken, Agoraphobie u.a.)

- Derealisierung, Depersonalisation, Dissoziation

- (vgl. Ehring & Ehlers, 2012, S. 12-17, 22-24)[2]

3.3 Erfahrungsbericht eines in der Kindheit misshandelten Mädchens

Im Anschluss an die Symptome und Folgeerscheinungen ist es mir gelungen einen Erfahrungsbericht einer Freundin zu erlangen. Ich denke, dass wir den besten Einblick darüber, wie sich sexuell misshandelte Kinder und Jugendliche fühlen, erhalten, wenn wir ihre persönliche Sicht auf die Dinge uns vor Augen führen können.[3]

Bewusst möchte die Verfasserin des Textes mit ihrem richtigen und vollen Namen genannt werden, um einen Schritt gegen ihre jahrelange Scham und die Tabuisierung dieser Thematik zu tun. Aus Datenschutzgründen wurden jedoch der Nachname und alle genaueren Ortsangaben unkenntlich gemacht.

„Es fing an wo ich ca. acht Jahre alt war, mein Vater hatte mich verlassen wo ich vier war, bzw. sind wir vor ihm geflüchtet, er fehlte mir so unheimlich, zu Hause bekam ich kaum Liebe und spürte umso mehr das Loch, welches er in mir hinterlassen hatte.

Wir sind so drei bis vier Mal im Jahr nach Polen zu meiner Oma auf den Bauernhof gefahren, dort wohnten meine Großeltern und meine beiden Onkels im Haus mit. Zu Anfang war der böse Onkel mein Lieblingsonkel und den anderen beachtete ich kaum. Wenn wir dort waren, habe ich es genutzt so viel Zeit wie möglich mit ihm zu verbringen, um meine Liebe, meine kindlichen Bedürfnisse zu stillen.

Er war morgens immer ein Langschläfer und wollte nicht aus dem Bett kommen. Oma hatte immer gesagt: „Geh zu ihm und hole ihn aus dem Bett." Dies tat ich natürlich immer. Ich habe mich zu ihm gelegt und ihn geweckt, er unterhielt sich immer

---

[2] In Europa werden psychische Erkrankungen auf Grundlage des anerkannten Klassifikationssystems ICD-10 der Weltgesundheitsorganisation diagnostiziert. Die Diagnosekriterien für die posttraumatische Belastungsstörung sind im Anhang A.1 zu finden.

[3] Die im Erfahrungsbericht hervorgehobenen Stellen spiegeln typische Symptome und Verhaltensmuster einer PTBS wieder. Die in eckigen Klammern gesetzten Wörter sind von mir aufgeführte Ergänzungen.

mit mir. Er war immer sehr liebevoll, streichelte mich viel, bis er immer langsam weiter und weiter mit der Hand ging.

Ich verstand damals nicht was er da macht, es fühlte sich unangenehm, nicht richtig an, daher nahm ich seine Hand und spielte mit ihr, um seine Hand abzulenken, doch er nahm sie irgendwann zurück und gab mir die andere, um mich wieder mit der rechten Hand weiter streicheln zu können. Es war mir **so unangenehm**, ich hatte immer vorsichtig seine Hand aus meiner Hose gezogen, mit der Hoffnung er würde es kapieren. Doch nach mehreren Versuchen habe ich gemerkt, dass ich nicht dagegen ankomme. Dies wiederholte sich an vielen Tagen. Ich denke dort ist er auf den Geschmack gekommen und fing von Zeit zu Zeit an sich mir immer mehr, aber sicher zu nähern.

Ich konnte nicht verstehen wieso mein Onkel nicht merkt, dass ich das nicht möchte, obwohl ich ihm mehrere Zeichen gab. Ich **versteifte mich, sowohl körperlich als auch in Gedanken,** ich verstand einfach nicht wieso er **das [bezeichnet das Ereignis nicht genau, Scham und Unaussprechliches]** macht, obwohl ich es nicht will. Doch er war doch mein Onkel, wie soll ich denn sauer auf ihn sein, wenn ich seine Liebe und Aufmerksamkeit benötige? Also entschied ich mich für die Liebe, die ich bekam und hatte dafür einen hohen Preis gezahlt. Ich dachte mir: „Na gut, dann werde ich seine Hand immer wieder aus meiner Hose ziehen, wenigstens habe ich Nähe eines Erwachsenen." Das war mir zu der Zeit wichtiger.

Abends ging ich immer zu ihm nach oben, um gemeinsam einen Film zu schauen. Er fing erneut an mich zu streicheln, das tat er eigentlich immer, wenn er mit mir zusammen war. Er versuchte sich auf jede Art und Weise mir zu nähern und tat es dabei immer auf eine sehr schlaue Art. Ganz langsam und unauffällig und fing immer ganz sanft an, sodass es mir zu Anfang immer gefiel. Ich bekam die Aufmerksamkeit und Zuwendung, die mir immer gefehlt hatte und ich war als Kind sehr liebes- und streichelhungrig.

Jedes Mal nahm ich seine Hand sanft beiseite, um ihm zu signalisieren, dass ich **das** nicht mag. Immer ab einer bestimmten Stelle. Doch jedes Mal überschritt er die Stelle. Ich war nicht selbstbewusst genug um aufzustehen. Zu groß war die Angst von ihm angemeckert zu werden, oder gefragt zu werden warum ich denn gehe. Wie gesagt, er tat es so unauffällig, als wenn er nix schlimmes tun würde, sodass ich selbst dachte: „Ja was soll ich denn sagen? Er streichelt mich. Ist das so schlimm?"

Doch aus dem Streicheln wurde immer mehr. Er fing an Dinge zu erzählen was er nicht alles mit mir machen wollen würde. Wie schön ich sei, was für tolle Brüste ich hätte. Er fing an mich im Spiel zu betatschen, mir an die Brüste zu fassen, mir an den Po zu fassen. Ich kann mich nicht an ein einziges Mal erinnern, dass er mir je gedroht hätte. Doch es war alles so einfach **unbeschreiblich. Die Angst, die Scham. Keiner würde mir glauben, oder mich für dumm halten.** Mein Onkel möchte mich doch nur streicheln und liebevoll sein.

Wenn er was getrunken hatte, was so gut wie jeden Abend vorkam, wurde es schlimmer. Wie er mich anschaute, welche leisen Geräusche er machte, wie er seine Hand bewegte, wie sanft und unauffällig er es tat. Irgendwann wo er sich sicher fühlte, wo es schon lange Zeit so verlief, fing er an mich auch unten zu bedrängen. Im ganzen Haus, sogar draußen. **Er gab mir das Gefühl er kann machen was er will mit mir und keiner sieht es, keiner merkt es [Hilflosigkeit].**

Eines Abends war er stark betrunken und saß in der Werkstatt, mein Bruder war sogar dabei. Und er fing an witzig Dinge zu erzählen und Dinge anzudeuten. Mein Bruder fand das witzig, er lachte, er dachte sich wohl mein Onkel macht sich einen Spaß und mir zeigte es, er kann sogar vor meinem Bruder mich mit Wörtern missbrauchen und beide lachen mich aus, **wie schwach ich bin**, dass ich gar nichts unternehmen kann. Es ist doch alles nur Spaß. Ich hatte das Gefühl er ist unbesiegbar, **ich bin ihm ausgeliefert, ich kann nichts dagegen tun.**

Der Missbrauch von meinem Onkel ging so ca. vom achten bis zum zwölften Lebensjahr. Dadurch, dass es immer wieder und immer wieder passiert ist und ich das Gefühl hatte dagegen nicht anzukommen, habe ich **gelernt oder mir eingeprägt, dass meine Bedürfnisse, mein Wohlergehen unwichtig sind,** die des anderen, etwa des Mannes, haben Vorrang **[Veränderung des Selbstbildes und der Weltsicht].** Ich war so tief **in dieser Rolle** drinnen: Eines Abends saßen ich, meine Mama, mein Onkel und ein Freund von ihm draußen. Der Freund meines Onkels fing an mich auf sexuelle Dinge anzusprechen. Ob ich nicht Lust auf sowas und sowas hätte und fing an mich am Bein zu streicheln. **Ich habe mich so wehrlos gefühlt,** obwohl meine Mama 2 Meter links neben mir saß und mit meiner Tante redete. Ich konnte einfach nichts sagen, ich war wie gelähmt. Ich spürte, dass ich das nicht will und es mir nicht gut geht, konnte mich aber einfach nicht wehren. **In solchen Situationen war ich einfach wie gelähmt und versteift.**

Ich bekam immer mehr das Gefühl, dass ich dazu da bin, um es den anderen recht zu machen. Ja ich bin sogar durch mein Leben mit diesen Gedanken gegangen. **Ich bin nichts wert,** die anderen entscheiden und das was ich will, ist unwichtig. Ich kann nichts verändern im Leben, es ist alles so wie es ist und ich muss es einfach hinnehmen und damit lernen umzugehen. **Meine Strategie war es mich zu versteifen, zu lähmen oder in schlimmeren Situationen zu dissoziieren.**

Ich fing an mich für meinen Körper zu schämen, ihn abzuwerten. Er ist hässlich, warum bin ich nur so weiblich, warum habe ich einen Busen, warum habe ich solche Kurven? Ich wollte das alles nicht, denn ich dachte vielleicht sei mein Körper daran schuld **[paradoxes Gefühl von Schuld]**, vielleicht bin ich zu weiblich. **Ich habe gelernt mich zu missachten, mich nicht zu lieben oder wertzuschätzen.**

Das komische war, dass ich als Kind sehr früh meine Periode bekam. Schon mit 9 Jahren. Da ich mich so früh entwickelt hatte, spielten natürlich auch meine Hormone verrückt und ich hatte einen sexuellen Drang. Ich empfand Lustgefühle, sei es nach der Schule, zu Hause, abends, wann auch immer. Als aber parallel mein Onkel mich missbrauchte, habe ich gelernt die Gefühle abzustellen, um nicht die ekligen Gefühle zu empfinden. Dadurch aber habe ich die guten Gefühle ebenso abgestellt. Man kann sich ja nicht aussuchen ich möchte das fühlen und das nicht. Also entstand irgendwann gar kein Gefühl mehr was die Lust betraf. **Ich lernte alles über mich ergehen zu lassen und spürte weder das schlimme und genauso nie mehr das schöne.**

So, nun war ich 13 Jahre alt und hatte endlich, dank einer Freundin, den Mut zusammen genommen um meiner Mutter zu sagen, dass ich nicht mehr nach Polen fahren will. Sie fragte mich warum, aber ich wollte nicht antworten, denn die **Scham** war zu groß. Ich lief ins Zimmer und weinte. Meine Mutter kam hinterher, ich drehte mich zur Wand weg und sie fing an mir tausend Fragen zu stellen, warum ich dort nicht mehr hinmöchte. Ich wollte, dass sie es errät. Und tatsächlich, als sie über alles nachfragte, blieb nichts mehr über, außer einer Sache. Der Missbrauch. An dieser Stelle bekam sie keine Antwort von mir und riet weiter in der Richtung. Sie war entsetzt, fing an zu weinen, konnte es nicht glauben, verstand das nicht. Ich glaube in ihr brach in diesem Moment die Welt zusammen. Ich fing an mich ihr zu öffnen an dem Abend. Ich erzählte ihr alles über mein Leben, über meine Gefühle, wie ich denke wie ich fühle, was mir fehlt, und was auch sie mir die ganzen Jahre antat. Es war ein wahrer Schock für sie. Sie hatte nicht bemerkt wie sie sich all die Jahre ihren Kindern gegenüber verhalten hatte. Am nächsten Tag rief sie verschiedene Stellen an, um sich wegen meinem Onkel zu informieren. Sie wollte ihn anzeigen. Ich bat sie aber mit aller Stärke dies nicht zu tun. Ich wollte nicht, dass meine Oma, meine Familie, das ganze Dorf erfährt was alles passiert ist. **Ich habe mich geschämt, ich habe mich dreckig und schuldig gefühlt.** Es war mir zu **peinlich**, dass jemand außer meiner Mutter erfährt was dort gewesen ist. Schweren Herzens tolerierte sie meinen Wunsch. Es fiel ihr sehr schwer.

Sie versprach mir, mich nicht mehr alleine mit ihm zu lassen und bat mich, auch mich selbst nie mehr in eine Situation zu begeben, wo ich alleine mit ihm bin. Ich ging einfach nicht mehr hoch, ich blieb immer unten im Haus, denn dort waren alle. Alle taten einfach so als wenn nichts gewesen wäre, jeder Einzelne von uns dreien.

Nun blieb der Missbrauch meines Onkels hinter mir, aber damit hörte es leider nicht auf. Es hatte sich über die Jahre so tief in mir eingelebt und automatisiert. Wenn ich einem Jungen begegnete, konnte ich nicht wirklich aussprechen was ich möchte und was nicht, ich sagte es immer leise und sanft, so wie bei meinem Onkel, aber die reagierten genauso wenig darauf wie er. **Also blieb mir nun nichts Anderes übrig als meine Überlebensstrategie weiterhin anzuwenden. Mich zu versteifen, zu lähmen und zu dissoziieren.** Es war schrecklich, ich habe mich praktisch von jedem Mann missbrauchen lassen, ohne dass ich es wollte, es schien alles so **ausweglos [Gefühl von Ohnmacht].**

15

Es passierte noch mit 13, mit 14, mit 15, mit 16, mit 17, mit 18, sogar mit 19. Meine erste Beziehung mit 14 war ein 19-jähriger junger Mann. Er war sogar sehr nett, doch so nach zwei bis drei Monaten kam er zu mir nach Hause. Wir waren bei mir im Zimmer, auf dem Bett, fingen an uns anzufassen. Plötzlich fasste er mich so an wie mein Onkel. Er steckte seine Hand in meine Hose und fing an zu spielen. Mir kam sofort das Ekelgefühl hoch, ich war wie gelähmt, ließ es über mich ergehen, konnte einfach nix sagen, nix machen und machte aber danach Schluss. Es war so schrecklich, dass ich ihn nie wiedersehen wollte.

Ich war so bedürftig nach Nähe, nach liebevoller Nähe. Ich gab jedem Mann eine Chance. Einmal traf ich mich mit einem Jungen. Er führte mich in ein Hotel und sagte er wolle mir was zeigen, er hätte dort mal gearbeitet. Wir fuhren mit dem Fahrstuhl hoch und nahmen dann den Exit Ausgang über' s Treppenhaus. Ich wunderte mich. Er nahm meine Hand und ging mit mir ein paar Stockwerke tiefer, drückte mich an die Wand und zog seine Hose aus, nahm meine Hand und packte sie an seinen Schwanz. Ich bekam **große Angst, Ekelgefühle, hatte einen Klumpen im Hals und Brustkorb.** Ich konnte mich wieder nicht bewegen, hatte sanft gesagt ich möchte nicht, das war ihm aber egal. Er küsste mich **und mehr weiß ich auch nicht. Ich war weg, weg, wo anders [Derealisation].** Irgendwo wo ich dieses Eklige nicht spüre. Irgendwann war es zu Ende, ich weiß nicht mal mehr was passiert ist. Er zog seine Hose an und wir gingen raus. **Ich war wie versteinert, konnte nichts sagen, nicht glauben was grade passiert ist. Ich fühlte mich so benutzt, so abartig. Ich wollte unter der Erde versinken.**

Nach jeder Aktion, mit jedem Mann, brach ich immer den Kontakt ab, nachdem so etwas vorgefallen war. Aber ich konnte es **nicht stoppen,** ich begab mich immer wieder in solche Situationen. Und wenn es dazu kam, konnte ich sie **nicht unterbrechen.** Es war so ein Teufelskreis in dem ich mich befand.

Ich zahlte einen sehr hohen Preis. Um Aufmerksamkeit, Nähe, und das Gefühl von Bedeutung zu bekommen, unterwarf ich mich solch einem Missbrauch. Ich war jedes Mal wütend, sauer auf mich gewesen, habe mir jedes Mal geschworen ich lasse es nicht mehr dazu kommen, doch es kam immer wieder dazu. Meine Wut auf mich selbst wurde immer größer, ich entwickelte einen Hass auf mich, mein Vertrauen zu mir selbst war zerstört, mein Körper und meine Seele waren nicht mehr in Balance gewesen. Ich konnte nicht steuern was ich will und was ich nicht will. Ich habe mich selbst schlechtgemacht, hatte kein Selbstwertgefühl, habe mich dreckig und eklig gefühlt, ich war mir selbst eine Verräterin geworden, eigentlich habe ich mich selbst **missbraucht.** Doch heute weiß ich wie es dazu gekommen ist und dass mich keine Schuld betrifft!

Als ich mit 17 meinen ersten festen Freund hatte, war ich traurig, dass ich keine sexuelle Lust empfinde. Ich hatte es mir so sehr gewünscht, da ich diesen Jungen wirklich mochte. Und eigentlich wusste ich ja, dass Sex was Menschliches ist. **Doch tief**

im Inneren fand ich es eklig, abwertend, nicht menschlich, gefühllos, missbrauchend.

Doch wir waren nun einige Zeit zusammen und aus Angst, dass er mich verlässt, wenn ich ihm nicht das gebe was er braucht, dachte ich mir: „Ach ich versuche es einfach mal, vielleicht passiert ja während dessen ein Wunder und ich bekomme Lust. Als es dann dazu kam, hatte ich **höllische Schmerzen**, ich war völlig **verkrampft. Im Kopf sowie im Genitalbereich**, aber ich wollte es wissen. Ich wollte es ausprobieren und ich wollte ihm das geben was er brauchte. Ich dachte es steht ihm doch zu, wenn er eine Freundin hat. Ich hatte aber auch nicht viel gefühlt währenddessen. **Meine Gefühle haben gelernt sich abzustellen während solchen Momenten.**

Ich wollte diesen Jungen nicht verlieren, er war mir so wichtig, jemand mit dem ich reden konnte über alles, jemand dem ich vertraut habe. Also beschloss ich mich aufzuopfern, um seine Liebe, Zuneigung und Nähe zu bekommen. Wir gingen eine feste Beziehung ein, schliefen sehr oft miteinander, er jedoch wusste nichts von meinen Gefühlen während dem Sex. **Ich spielte ihm immer etwas vor, bin in eine Rolle geschlüpft.** Die Angst war zu groß, dass er mich verlassen würde, oder sauer wäre, wenn er die Wahrheit erfährt **[Angst, Scham]**.

Ich verletzte meine Seele immer mehr und mehr, sie war nach den Monaten so sehr verletzt, dass ich es nicht mehr konnte. Ich konnte nicht mehr in die Rolle schlüpfen und ihm etwas vorspielen. Während dem Sex erwachte ich plötzlich, ich spürte den Ekel, meine Gefühle und den Widerstand, der in mir wuchs. **Ich erstarrte, fing an zu weinen**, mich aus ihm zu ziehen und drehte mich weg. Er war sehr liebevoll, tröstete mich und fragte was los ist. **Ich konnte nicht reden.** Es spielte sich ab nun immer wieder so ab, bis er nicht mehr Locker ließ und wissen wollte was los ist. Eines Tages nahm ich meinen Mut und meine Kraft zusammen und das Vertrauen, welches ich in ihn hatte nach den zwei Jahren und ich sagte ihm was los war, dass ich ihm was vorgespielt hatte, das ich nix während dem Sex spürte und es mich eigentlich nur traurig machte und mich zum Weinen brachte.

Es traf ihn natürlich sehr, aber er verstand mich, er gab sich ab nun Mühe sich um mich zu sorgen, probierte alles aus, versuchte alles damit ich mich wohl fühle beim Sex, doch ich denke es war zu spät, ich habe zu lange, zu sehr meine Seele verletzt **und nun ging nix mehr.** Als ich nach drei bis vier Jahren in einer Psychotherapie-Station war, redete ich mit meiner Therapeutin darüber. Sie erklärte mir was in mir vorgeht, woher das kommt, und was ich tun kann, um mich nicht mehr dem auszusetzen. Sie sagte, wenn ich gesundwerden will, darf ich nie mehr was tun was ich nicht möchte, ich darf nicht mehr mit ihm schlafen, wenn ich selbst das nicht möchte. In mir fing vieles an zu arbeiten, ich habe immer mehr verstanden und Verbindungen gesucht. Ich nahm wieder den Mut zusammen und erzählte ihm davon. Ich habe gesagt,: „Ich möchte nicht mehr mit dir schlafen, gar nicht mehr, ich möchte nichts mehr tun was mir wehtut in der Seele." Und so passierte es nicht mehr, aber das was gewesen ist, ging dadurch natürlich nicht weg.

In der nächsten Beziehung hatte ich mir geschworen, nicht denselben Fehler zu begehen. Und habe nun seit 2 Jahren nicht mit meinem Partner geschlafen, dadurch sind natürlich auch andere Probleme in der Partnerschaft entstanden.

Ich habe Angst die Kontrolle zu verlieren, loszulassen, mich gehen zu lassen. Mein Kopf will und muss alles kontrollieren, damit mir ja keiner Schaden zufügt, doch gerade bei Zärtlichkeiten und Sex, muss man loslassen können, sich dem anderen hingeben, um die guten Gefühle spüren zu können und ihnen freien Lauf zu lassen. Und genau dies kann ich nicht. **Wenn ich mal ein Lustgefühl bekomme, macht jemand das Licht in meinem Kopf an und ich bin wieder die kleine Marion die sich missbraucht fühlt und erstarrt, dann verfliegen alle schönen Gefühle und ich muss wach werden, wach werden, dass hier die große Marion sitzt und nicht missbraucht wird und so schnell es geht diese Situation stoppen oder beenden [Flashbacks, Dissoziationen].** Dies ist mit sehr viel Mühe und Arbeit verbunden und zudem braucht man einen Partner der das mitmachen kann.

Ich bin heute 24 Jahre alt, mein Körper schreit förmlich nach Sex und mein Kopf, mein Kopf kann nicht vergessen was gewesen ist und wehrt sich mich allen Mitteln und Wegen Lust zu empfinden aus **Angst** ausgenutzt und misshandelt zu werden. Es ist so tief in mir eingeprägt, dass sobald mich mein Freund anfässt ich den Ekel spüre, den ich durch meinen Onkel verspürte. **Es muss nur eine Berührung sein, wie die seiner, oder eine Stelle und ich fühle mich wie damals in der Situation [Flashback].** Mein Kopf verwechselt, beziehungsweise kann nicht die Berührungen meines Freundes, zu den, von dem Missbrauch unterscheiden. **Mein Körper erstarrt, ist gelähmt und mein Kopf will es über sich ergehen lassen.** Aber ich habe mittlerweile gelernt: „Stopp!" zu sagen, doch dies ist schwer. Es ist schwer einen Partner zu finden, der das versteht, das mitmacht und so viel Verständnis dafür hat und es vor allem nicht persönlich nimmt. Der versteht, dass es nichts mit ihm zu tun hat.

Ich habe dank meiner Therapie gelernt, mich und meinen Körper zu akzeptieren, zu lieben und wertzuschätzen. Ich möchte mich nicht mehr dem Missbrauch ausliefern. Aber vor mir liegt noch ein harter und langer Weg. Doch ich bin davon überzeugt, dass ich ihn meistern werde."

(Marion M.)

Wie und wodurch die Theaterarbeit helfen kann, erfahren wir im nächsten Kapitel.

4 Wie kann Theater helfen?

„Nicht Wissen, sondern **Erleben** ist das Medium von Wirkung."

(Ingrid Hentschel)

Erst einmal muss ich mich an dieser Stelle auf eine Beispielaltersgruppe einschränken, da ich nun an konkreten Beispielen aufzeigen möchte wie die Theaterarbeit helfen kann und hierbei zwei exemplarische Methoden beziehungsweise Arbeitsansätze vorstellen werde. Eine Methode nennt sich *Polizisten im Kopf* und wurde von dem Theaterpädagogen Augusto Boal entwickelt. Die Zweite hier aufgeführte Arbeitsansatz ist von Ingrid Lutz. Diese stammt aus dem Bereich der Dramatherapie. Die Alterseingrenzung ist hierbei erforderlich, da man selbstverständlich mit Kindern im Kindergarten- oder Grundschulalter andere Methoden anwenden sollte als bei Jugendlichen und jungen Erwachsenen. Die Methoden, welche ich nun vorstellen werde, sind meines Erachtens nach an Jugendliche und junge Erwachsene zwischen 16 und 21 Jahren zu richten, wobei man sich hier je nach Entwicklungsstand des Klienten auch an junge Erwachsene bis 27 Jahren richten kann.[4] Andersherum muss man natürlich auch sagen, dass man sich individuell anschauen muss, ob ein Jugendlicher mit beispielsweise 16 Jahren schon bereit für diese Methoden und den damit verbundenen Prozess ist.

Zu Anfang werde ich nun einige Aspekte benennen, welche allgemein bei der Theaterarbeit eine Rolle spielen.

4.1 Gruppenzugehörigkeit

Ein erster Aspekt, welchen man benennen sollte, ist die durch das Theater ermöglichte Gruppenzugehörigkeit. Traumatisierte K. und J. fühlen sich oftmals in ihrem sozialen Umfeld außen vor und unwohl (vgl. auch: Tendenz zur Isolation und zum Rückzug von sozialen Kontakten). Levin führt hierzu die Gründe für die Isolation unter anderem folgendermaßen aus:

---

[4]   vgl. hierzu: SGB VIII §11 (4) Jugendarbeit: „Angebote der Jugendarbeit können auch Personen, die das 27. Lebensjahr vollendet haben, in angemessenen Umfang einbeziehen." (Sozialgesetzbuch (SGB VIII), 2015)

„In dramatherapeutischen Kindergruppen haben wir bisher vorwiegend mit schwer traumatisierten [...] Kindern gearbeitet, die in Schule und sozialen Umfeld durch Unruhe, Konzentrationsmangel und hohes Aggressions-Potenzial auffielen und sich dadurch in schulische oder außerschulische Gruppen (Sportverein etc.) nur schlecht oder gar nicht integrieren ließen." (Levin, 2002, S.206 f.)

Traumatisierte K. und J. wurden in ihrer Entwicklung gestört und konnten oftmals nicht die Bedingungen finden, die sie für ihre Entwicklung gebraucht haben. Daher muss diesen K. und J. ein Erfahrungsraum, ein Möglichkeitsraum oder nennen wir ihn auch „Spielraum" (ebd., S. 207) zur Verfügung gestellt werden, indem für sie Entwicklung möglich wird. Anschließen könnte man hier an den „Potential Space" (potenziellen Raum) Winnicotts (1987, S. 52 + S. 119). Levin führt hierzu weiter aus, dass diese K. und J. eine Gruppe benötigen, in der sie mit ihrer Verstörtheit aufgehoben seien, aus der sie nicht wegen ihres Verhaltens ausgeschlossen werden und in der es trotzdem noch für alle Beteiligten, Therapeuten bzw. Pädagogen und Kinder möglich bleibe, miteinander zu arbeiten (Levin, 2002, S. 207). Weiter wird ausgeführt, dass die K. und J. zwar eine Struktur benötigen, aber dies kein uneinhaltbares Regelwerk sein dürfte, da sie unter dem Druck solcher Forderungen (wie bspw. stillsitzen) nur wieder ihre Defizite wahrnehmen würden. Bei der Theaterarbeit muss es aber genau darum gehen ihre Fähigkeiten, Potenziale und Ressourcen zu entdecken und sichtbar werden zu lassen (ebd., S. 207). Die K. und J. sollen sich nicht wie beispielsweise in der Schule der Gruppe anpassen, sondern genau andersherum. Die Gruppenarbeit muss sich den traumatisierten K. und J. anpassen (vgl. ebd., S.207). Nur so können sie sich positiv in die Gruppe integrieren, sich zugehörig und „normal" fühlen. Sie können merken (anders als beispielsweise in der Schule oder in Peergroups), dass sie so wie sie sind gut sind. Allein dies kann das Selbstbewusstsein der K. und J. stärken und deren Selbstkritik zumindest in diesem Punkt verringern. Auch Scham und Schuldgefühle können in solch einer Gruppe nachlassen, denn man fühlt sich nicht mehr allein mit seinem Problem und kann diese Gefühle besprechen.

Bei Domkowsky können wir lesen, dass Theaterspielen im Allgemeinen kein individueller Vorgang sei, sondern ein kollektiver Prozess (2011, S. 132).[5] Somit muss der Spielleiter (sei dies ein Pädagoge, Therapeut oder Regisseur), bevor er sich dem Theaterspielen an sich widmet, einen Raum schaffen, in dem sich die gesamte

---

5 zu der Wirkung der Kollektivität im Theater folgen an späterer Stelle noch weitere Informationen

Gruppe respektiert, Vertrauen untereinander herrscht und man sich somit aufeinander verlassen kann (ebd., S.133 ff.). Eine gute Zusammenarbeit ist hier also unabdingbar und somit ist eine gute und vertrauensvolle Gruppenatmosphäre als erste konstitutive Voraussetzung für gute Theaterarbeit zu benennen.

4.2 Freiwilligkeit

Eine weitere Voraussetzung, welche in der Theaterarbeit beachtet werden muss, ist die freiwillige und gewollte Teilnahme, der an der Theaterarbeit beteiligten Personen, sprich in diesem Fall der traumatisierten Kinder und Jugendlichen.

Dieses lässt sich schon anhand des aktuellen Bildungsbegriffs allgemein feststellen. Der heutige Bildungsbegriff sehe Bildung als einen offenen, auf Dauer ausgelegten Prozess an (ebd., S.10). Der klassische Bildungsbegriff, welcher auf Humboldt zurückzuführen ist, sieht Bildung als Transformationsprozess der Persönlichkeit an, der sich in der Auseinandersetzung des Menschen mit sich selbst und der Welt vollziehe (ebd., S.10). Hierzu können wir folgendes lesen:

> „Bildungsprozesse sind umfassende Prozesse, die den Menschen befähigen, sein Leben in allen Belangen selbst-bestimmt in die Hand zu nehmen, seine Potenziale selbst-gesteuert zu entfalten, Probleme selbst-kritisch zu lösen und soziale Beziehungen aktiv zu gestalten." (ebd., S.10)

Hieran kann man erkennen, dass Bildung nur funktionieren kann, wenn man als Teilnehmer/in **aktiv** mitarbeitet (ebd., S.10).

Da die Theaterarbeitet ebenfalls einen Raum für Bildungsprozesse anbietet an denen man selbstständig arbeiten muss, kann dies nur unter einer aktiven, motivierten Teilnahme funktionieren. Die Aspekte Motivation, Eigenengagement und Selbstreflexion setzten unter diesem Kontext voraus, dass die Teilnehmer/innen freiwillig an der Theaterarbeit mitwirken möchten, andernfalls kann der Bildungsprozess (oder hier auch der Therapieprozess) nicht funktionieren.

4.3 Grundlegendes zur Wirkung des Theaters - Heilkraft per se

„Theater ist ein Medium der **Vollsinnlichkeit**."

(Ingrid Hentschel)

Neben den soeben aufgeführten Voraussetzungen für eine gelingende Traumaarbeit möchte ich nun die Wirkung des Theaters auf Personen und die Gesellschaft näherbringen.

Theater aktiviere laut Hentschel unsere Emotionen, provoziere unsere Sinne, spräche unsere Ängste, Wünsche und verborgenen Hoffnungen an, provoziere uns, unser Inneres mit dem Äußeren in Verbindung zu setzen. Ferner sei beim Theater das schöpferische Material das gesamte leibliche, emotionale und geistige System Mensch (Hentschel, 2008, S.10). Alle unsere Sinne werden angesprochen und gefördert und aus neurobiologischer Sicht sei zu bemerken, dass beim Theaterspielen, allen voran die rechte Gehirnhälfte beansprucht wird (Lipinski, 2002, S.45). Diese ist sehr allgemein und in Bezug auf die Aufteilung der Gehirnfunktionen formuliert unter anderem für unsere Emotionen zuständig. Bei der PTBS finden wir, wie bereits ersichtlich wurde, sehr starke und oftmals unkontrollierbare Emotionen (wie beispielsweise Angst, Wut, Schuld[6]) wieder. Wir können auf der Theaterbühne diese Emotionen ausleben ohne verurteilt zu werden und sich dafür zu schämen. Was im Alltag vermutlich als nicht regelkonform gelten würde, ist auf der Bühne erlaubt. Wir dürfen schreien so laut wir möchten, wir können Teller zertrümmern, Beschimpfungen aussprechen. Und an dieser Stelle findet man auch die Anknüpfung an die Katharsis (Aristoteles). Eine Reinigung der Seele wird möglich. Eine Befreiung unterdrückter, belastender Gefühle kann im Schutze der Rolle stattfinden. Man kann somit diesen starken Emotionen Ausdruck verleihen, man lebt sie auf der Bühne aus und wird nicht wie beispielsweise in der Schule dafür verurteilt.

Zusätzlich werden weitere entscheidende Faktoren beim Theaterspielen aktiviert. Allen voran sei das Wahrnehmen und die damit verbundene Selbstwahrnehmung (Propriozeption) zu benennen (Domikowsky, 2011, S. 143). Ulrike Hentschel betone hierbei, dass der bewusste Umgang mit der eigenen Aufmerksamkeit und mit dem eigenen Körper gefördert wird und dieser zur „exzentrischen Beobachtung

---

[6] vgl. hierzu unter anderem: Kapitel 3.3. „Erfahrungsbericht eines in der Kindheit misshandelten Mädchens"

des eigenen Selbst" führe (ebd.). In Anknüpfung an die PTBS kann man hier die Symptome *emotionale Abstumpfung* beziehungsweise *Gefühlstaubheit* sowie *Entfremdung zu sich selbst* und die *Depersonalisation* erwähnen. Man muss wieder einen Zugang zu seinem Körper finden. Hierzu gibt es eine Vielzahl von speziellen Körperübungen, welche aus Platzgründen in dieser Ausarbeitung leider nicht erwähnt werden können. Beim Theater werden wir in gewisser Weise „gezwungen" unseren Körper wieder wahrzunehmen, mit unseren Emotionen zu arbeiten und sie somit wieder zuzulassen. Selbstverständlich geschieht dies alles, wie bereits erwähnt, im Schutz einer Rolle. Wie dies genau funktionieren kann, erfahren wir ebenso im nächsten Kapitel.

Zusätzlich können wir lesen, dass neben dem wissenschaftlich – rationalen und dem ethisch – moralischen Zugriff auf die Welt es die ästhetische Erfahrung sei, die nachhaltige Lernprozesse im Sinne eines freien Verhältnisses zur Welt, zu sich und den anderen ermögliche (Hentschel, 2008, S.10). An dieser Stelle seien die **therapeutischen Eigenaspekte der Kunst** (Lipinski, 2002, S. 45) zu benennen. Demnach kann die ästhetische Erfahrung von selbst Transformationsprozesse bei den K. und J. auslösen:

> „Und für so wichtig ich die Integration wissenschaftlicher Erkenntnisse und Qualifikationen in die schamanische Tradition halte, umso deutlicher wird mir aber auch, dass der schöpferische künstlerische Aspekt und damit auch die die rechte hirnseitige Verbundenheit mit der Schöpfung die Basis für die eigentliche Kraft des Theaters ist. Wenn wir also das Theater als jene Gemeinschaftskunst begreifen, die im schamanischen Ritual ihren Ursprung hatte und später in der griech. Tragödie ihren Höhepunkt als soziotherapeutisches Medium feierte, dann können wir ahnen, dass ihm eine ureigene Motivation zur Heilung innewohnt, die weit über die pädagogische und therapeutische Praxis hinausgeht. Ganzheitliches Wissen, animalische Weitsicht, Magie, Kunst und ritueller Kult stehen nicht im Gegensatz zur analytischen Verstandestätigkeit, sondern bilden die eher rechtshirnseitige notwendige, zur ganzheitlichen schau fähige Ergänzung derselben." (Lipinski, 2002, S.46)

Die befreiende Wirkung basiere demnach auf dem Kunstaspekt des Theaters, d.h. auf der **schöpferischen Tätigkeit selbst.**

> „Ich möchte hier ganz klar feststellen: für mich hat das Theater pädagogische Aspekte und Aufgaben. Seine eigentliche Gestalt, sein Wesen, seine Essenz ist jedoch die Kunst, also die schöpferische Arbeit mit Menschen, die Arbeit mit dem Ausdruck, die Erforschung des Leibes, der Stimme, der Sprache, das Ringen um die Dialektik von Form und Inhalt. Es geht um Hingabe und Wollen, um radikale Authentizität, die sich

nicht von modischen Gefühlen überzuckern lässt und um geistige Arbeit an einem Thema." (Lipinski, 2002, S. 48)

Es gibt eine Vielzahl von Theoretikern, welche Erfahrungsräume und Wirkungen des Theaterspielens (wie bspw. Selbstreflexivität und Empathiefähigkeit) veranschaulicht haben und hierbei bereits ein beträchtliches Methodenrepertoire nicht nur für professionelle Schauspieler/innen, sondern ebenso auch für die Theaterarbeit geliefert haben. Stanislawski, Brecht, Čechov sowie Strasberg sollten hier allen voran erwähnt werden (Domikowsky, 2011, S. 27). An dieser Stelle wird ersichtlich, dass sich Pädagogen/innen ebenfalls mit den Theaterwissenschaften befassen müssen, um die schöpferische Tätigkeit des Theaterspielens und die damit verbundenen therapeutischen Eigenaspekte der Kunst verstehen und anwenden zu können.

Martens merkt an, dass auch in der dramatherapeutischen Literatur die Auffassung vertreten wird, dass es letztendlich primär das Theater an sich sei, welches das Methodenrepertoire und die Heilungsmöglichkeiten so reich mache (2002, S. 74).

Auf der Bühne wird möglich was im wirklichen Leben noch unmöglich scheint. Da es jedoch spielbar ist, trete die Hoffnung auf den Plan sich selber im Leben anders zu verhalten zu lernen. Die Möglichkeit des Theaters andere, bessere Welten zu entwerfen, soll an dieser Stelle fruchtbar werden. Dies geschehe auch in der Hoffnung, dass die ästhetische Durcharbeitung Distanz und Mut schaffe und so aus dem Kontext heraus für das Leben befähige (Martens, 2002, S. 63). Hier kann man auch an die Habitustheorie nach Bourdieu[7] anknüpfen. Der Habitus bildet sich laut eben genannten aus „Wahrnehmungs-, Denk- und Handlungsschemata", welche von Subjekten klassenspezifisch erworben werden. Demnach unterscheiden sich Handlungsmuster von Subjekten je nach gesellschaftlichen Klassen oder Schichten (Sturzenhecker, 2015, S.43). Das Theater ermöglicht Transformationsprozesse, welche über die Handlungsmuster des Habitus hinausgehen und kann somit den Teilnehmer/innen neue Handlungsmuster aufzeigen und sie ebenso zu einem Perspektivenwechsel und neuen Handlungsmöglichkeiten ermutigen und bewegen. An dieser Stelle wird die durch die Rolle gebende Distanz und Heilung durch das „Nicht-Ich" des Spiels nachvollziehbar. Bereits bei Piaget und Freud wurde in der

---

[7]   vgl. hierzu beispielsweise:
Lenger, A./Schneickert, C./Schumacher, F. (2013): Pierre Bourdieus Konzeption des Habitus: Grundlagen, Zugänge, Forschungsperspektiven. Wiesbaden: VS Verlag für Sozialwissenschaften.

Arbeit mit verhaltensauffälligen und traumatisierten Kindern im gelingenden „zweiten Mal" mit den Methoden des Psychodramas die ausdifferenzierte Funktion des Spiels für die kindliche Entwicklung sichtbar (Levin, 2002).

Durch die besondere Bedeutung des Schauens (griechisch théatron „Schaustätte") und die konstitutive Rolle des Publikums haben wir es damit zu tun, dass im Theater die Tragödie des Einzelnen immer auch die Tragödie aller sei und daher wirkliche Kunst ein Heilungsvorgang, nicht nur im Individuum, sondern und gerade besonders für die Gemeinschaft und auch für die Welt ist (Hentschel, 2008, S.11). Wir stehen nicht mehr mit einem Einzelschicksal dar. Es wird durch das Theater verallgemeinert, es betrifft alle. Denn für den Moment des Spiels ist die Bühne für uns Realität und die Zuschauer wie auch die Spieler fühlen mit, tauchen in die Welt und Gefühlslagen der Figuren mit hinein.

Sei dies auch bloß im Rahmen der geschlossenen Theatergruppe. Man ist für diesen Moment nicht allein mit seinen Gefühlen. Man kann sich verstanden und respektiert fühlen. Das Selbstbewusstsein, welches durch eine PTBS in der Regel stark ins Negative gerückt wurde, kann hier wieder positive Erfahrungen aufnehmen.

Levin betont, dass immer eine richtige Balance entscheidend sei. Das Theater biete einen großen Fundus vorausgesetzt die therapeutische Zielsetzung überrennt nicht die immanente heilende Funktion des theatralen Handelns, oder die Anforderungen des Spiels ignorieren nicht die therapeutischen Gegebenheiten (Martens, 2002, S.74). Es wird hier also eine „Mischung" aus zwei Disziplinen in richtiger Menge vom Pädagogen bzw. vom Therapeuten abverlangt. Kein leichtes Unterfangen, aber dennoch bin ich der Ansicht das dies machbar ist. Martens macht zusätzlich darauf aufmerksam, dass man sich an der konkreten Gruppe immer wieder neue Wege suchen muss, um heilend wirken zu können (ebd.). Jeder Klient ist anders, jeder Klient bringt andere Erfahrungen mit sich und reagiert dementsprechend auch verschieden auf bestimmte Methoden, Situationen, in Improvisationen und so weiter. Aus diesem Grund entwickelt sich selbstverständlich auch immer jede Gruppe individuell. Man muss als Pädagoge/in stets beobachten, reflektieren und die Theaterarbeit an die K. und J. anpassen.

Dieser Umriss zeigt nur sehr grob auf, welche Voraussetzungen eine funktionierende Theaterarbeit fordert und wie die theatrale Wirkung und Heilungskraft entsteht. Es soll als kleine Einleitung in die Theaterwissenschaft in Bezug auf diese Thematik gelesen werden.

4.4 Das Theater der Unterdrückten – Augusto Boal

Im Folgenden werde ich auf eine Grundhypothese vom bereits kurz angesprochenen T.d.U.[8] eingehen und anschließend Boals Methode „Polizisten im Kopf" als ein Beispiel für die Theaterarbeit mit traumatisierten Kindern und Jugendlichen vorstellen.

4.4.1 Grundhypothese - Die Bühne als dichotomischer Raum

Boal geht davon aus, dass die therapeutische Bühne nicht mit der traditionellen, konventionellen Theaterbühne zu vergleichen sei. Die Bühne kann die Mitte eines Raumes sein, der Innenhof einer Schule oder vieles mehr. Bei der „therapeutischen Bühne" liegt der Fokus auf dem Auditorium, sprich auf den Zuschauern (Patienten bzw. Klienten). Die Zuschauer sind hier ebenso Beteiligte, die am Geschehen auf der Bühne beteiligt werden. Somit hat niemand eine passive Haltung und jeder Einzelne kann das Geschehen auf der Bühne beeinflussen. Boal nennt sie die Zu-Schauspieler (Boal, 1999, S.33 ff.). Der Patient – Protagonist, hier ein Jugendlicher belebt eine selbsterlebte Szene aus seiner Vergangenheit in einem ästhetischen Raum wieder. Das T.d.U. will ihn ermutigen die Handlungen, welche er auf der Bühne geprobt hat in sein tägliches Leben zu übertragen. Wie wird dies nun laut Boal erreicht? Er geht von folgendem aus: Beim Erleben der Situation im wahren Leben wird die Szene mit starker emotionaler Beteiligung erlebt und zudem erfolgt dies einsam. Niemand kann einem helfen. Auch man selbst nicht. Beim erneuten Erleben der Situation beziehungsweise dem Nachspielen dieser Situation im pädagogischen, therapeutischen und theatralischen Kontext wird die Situation vor Teilnehmern einer Gruppe oder einem unbekannten Publikum erlebt. Dies kann man als eine Art *Re-Emotion* bezeichnen. Es entstehen somit zwei Ich's auf der Bühne. Das erlebende „Früher-Ich" und das erzählende „Jetzt-Ich". Zweitgenanntes hat eine größere Distanz zum Geschehenen und kann reflektieren, da es retrospektiv angelegt ist (ebd.). Der Protagonist wird in die Lage versetzt sich selbst in Aktion zu betrachten, seine eigenen Wünsche bzw. Probleme zu zeigen und dies alles im Schutz der Rolle. Da der Protagonist sein Erlebnis auf der Bühne spielt, muss er sich erneut auf das Geschehene einlassen. Hierzu passt er sich psychisch wie auch körperlich der damaligen Situation an, er versetzt sich wieder in die Lage und kann

---

[8] Zur Wiederholung: entwickelt von Augusto Boal; stellt eine Vielzahl von Methoden dar; diese Methoden sind als ein System von Körperübungen, speziellen Improvisationen, ästhetischen Spielen und Bildertechniken zu verstehen ()

dadurch noch einmal bewusst wahrnehmen, was er zu diesem Zeitpunkt für Gefühle und Gedanken hatte (ebd.). Eine unabdingbare Bedingung ist hier die Phantasie und Vorstellungskraft des Protagonisten. Ohne diese kann der Prozess einer Identifikation mit der Szene bzw. Situation auf der Bühne nicht stattfinden (Domkowsky, 2011, S. 158 ff.).

Weiter wird gesagt, dass der ästhetische Raum, sprich die Bühne, ein dichotomischer ist und jeder der ihn betritt dichotomisch wird. Dieses resultiert aus den zwei Ich's, welche entstehen. Der Protagonist ist gleichzeitig Objekt und Subjekt. Er handelt, agiert, spricht als Subjekt auf der Bühne und er beobachtet sich selbst, hört auf das was er sagt als Objekt (Boal, 1999, S. 40 ff.).

Boal sagt hierzu, dass sich ein Teil von mir selbst löst, damit ich ihn sehen kann. Dieser Anteil ist ein ästhetisch aufbereitetes verdinglichtes Objekt zum Zweck von Studium und Analyse (ebd.). Im Alltag sind wir auf die Situation fixiert, auf der Bühne wiederum aber sehen wir uns selbst und zugleich die Situation in der wir uns befinden. Durch diesen Prozess wird man sich seiner selbst sowie seiner Handlung bewusst (ebd.).

Zusätzlich sehen wir auch noch wie andere uns wahrnehmen, da sich die anderen Gruppenteilnehmer ebenso am Prozess beteiligen. Dadurch werden wieder neue Perspektiven für die Ansichten des Klienten eröffnet (ebd.).

4.4.2 Methode „Polizisten im Kopf"

Jeder Schritt findet unter Anleitung eines Pädagogen oder Therapeuten statt.

Im Folgenden werde ich hier einen kleinen Einblick in die Arbeit mit dieser Methode liefern. Der Protagonist (hier Jugendlicher) improvisiert eine früher erlebte Szene mit den restlichen Personen der Gruppe wieder. Danach sagt er welche „Polizisten im Kopf" (hier zum Beispiel Emotionen) während dessen aufgetaucht sind. Diese soll er auf der Bühne formen. Genauer gesagt sollen die hierbei entstandenen „Polizisten im Kopf" wie beispielsweise Scham oder Angst durch Menschen symbolisiert werden, welche für diese Gefühle verantwortlich waren (Bidlo, 2006, S.84 ff.). Beispielsweise könnte in Marions Szene Angst oder Ekel aufgetaucht sein. Als Symbol dafür könnte sie ihren Onkel formen. Nachdem der Protagonist alle für ihn relevant erscheinenden „Polizisten im Kopf" geformt hat, geht er zu jedem Einzeln hin und sagt was er damals in Bezug zu ihm gedacht hat.

Frei erfundenes Beispiel (bezogen auf Marions Geschichte):

Papa (symbolisiert Verlust und Angst): „Weißt du noch Papa wie wir vor dir fliehen mussten? Ich wollte doch eigentlich nur einen lieben Papa, der mich mal umarmt.

Onkel (symbolisiert Ekel): „Alles kommt in mir hoch, wenn ich dich sehen muss! Du hast mein Leben zerstört! Widerlich bist du und nichts wert! Und trotzdem komm ich gegen die Scham nicht an. Noch immer habe ich nicht den Mut das zu tun was ich schon so lange machen müsste. Im Knast sollst du verrecken […].“

Danach setzt sich der Protagonist intensiv in weiteren Schritten mit den „Polizisten im Kopf" auseinander. Beispielsweise übernehmen auch andere die Rolle des Protagonisten und zeigen ihm Alternativen zu seinem Handeln. Zum Beispiel wie man gegen den Ekel ankämpfen beziehungsweise mit ihm besser umgehen kann. Am Ende folgt eine Diskussion, bei der alle Beteiligten ihre Eindrücke und Beobachtungen schildern. Es wird also wieder reflektiert. Das lernende Moment in dieser Technik ist das Erstaunen über sich selbst, das Wundern am eigenen Tun und die Entdeckung für bisher fremd gehaltene Perspektiven (ebd.).

Mit Unterstützung der anderen Gruppenteilnehmer sollen dem Protagonisten seine eigenen Ansichten bewusstgemacht werden, ihm soll die Möglichkeit gegeben werden diese zu Überdenken und gegebenenfalls Alternativen zu seinem Denken und Handeln zu finden. Bei der PTBS kann mit Hilfe der Perspektiven der anderen an dem Schuldgefühl oder der Scham gearbeitet werden, indem die anderen aufzeigen wie paradox und unberechtigt doch diese Gefühle in diesem Zusammenhang und auf dieses Erlebnis bezogen sind. Bei dieser Methode will man den einzelnen Teilnehmer bei der Selbstklärung seines individuellen Problems unterstützen. Das T.d.U. will den Protagonisten ermutigen, die Handlungen, die er auf der Bühne erprobt hat in sein tägliches Leben zu übertragen. Die Kernhypothese dazu lautet, dass das Handeln im Kontext einer theatralischen Fiktion den Protagonisten dazu befähigen soll auch in seinem wirklichen Leben so zu handeln (Boal, 1999). Hierbei sollte man jedoch laut der Theaterregisseurin Barbara Frey die Diskrepanz zwischen Realität und Theateraufführung nicht unterschätzen. Die neuen Denk- und Handlungsalternativen sind somit auch nur unter Vorbehalt in der Realität anwendbar (Vogtmann, 2010, S.27). Um das Ereignis beziehungsweise die Szene und sich selbst nochmal durch größere Distanz und verschiedene Blickwinkel zu reflektieren wird Selbstentfaltung meiner Ansicht nach definitiv angeregt. Zusätzlich findet man einen Raum, indem man über sein Erlebtes offen reden kann. Zusätzlich führt Selbstreflexion bekanntlich auch immer zu einer gewissen Selbsterkenntnis. Die bei Boal genannten „Polizisten im Kopf" werden einem bewusst, und erst wenn uns etwas bewusst ist, kann man daran auch arbeiten. Hier sehen wir auch einen

Bezug zur Psychoanalyse. Dort geht man davon aus, dass unbewusste Dinge, wie Muster, Introjekte, verdrängte Emotionen erst einmal entdeckt/aufgedeckt werden müssen, damit man zu einer Selbsterkenntnis gelangen kann. Erst im nächsten Schritt können dann Alternativen zum Handeln bedacht und beredet werden. Ein Prozess kann nur zur Selbstentfaltung und auch hier in Bezug zur Autonomie sprich Selbstständigkeit führen, wenn er dem Patienten erlaubt und ihn ermutigt Alternativen zu der Situation, die ihm Leiden oder Unglück bereitet hat, zu entwickeln. Bei dieser Methode finden wir auch Parallelen zur Dramatherapie (eine Fachrichtung der Theatertherapie). In dem Dramatherapie-Prozess soll der Klient ebenfalls darauf vorbereitet werden sein Leben besser meistern zu können. Alte Muster sollen über das Spiel und das Experiment mit dem Anderen auf lustvolle und lustige Weise aufgebrochen werden. Eine intellektuelle Durcharbeitung und Verbalisierung der traumatischen Erlebnisse und der damit verbundenen PTBS sollen möglich werden. Denn wie wir schon im Kapitel über das autobiographische Gedächtnis lesen konnten, kann erst durch die Verbalisierung des Erlebnisses die „Narration" in einen chronologischen und kausalen Zusammenhang gebracht werden. Das Theater kann hierbei als ein unterstützender Prozess zur Therapie betrachtet werden. Die Ziele in der Dramatherapie nach Emmunah sind unter anderem der angemessene Ausdruck von Gefühlen, die Entwicklung von Selbstbeobachtung und somit die Selbstreflexion, die Modifizierung und Erweiterung des Selbstbildes, die Entwicklung sozialer Interaktionsfähigkeiten und zwischenmenschlicher Fähigkeiten[9] und betont die Bedeutung der Fremdwahrnehmung für den Patienten durch die Gruppenmitglieder und Therapeuten (Martens, 2002, S. 61).

Schaut man sich in diesem Bezug die Methoden von Boal und seine Zielsetzungen gegenüberstellend an werden die Parallelen sofort sichtbar. Theaterpädagogik und Theatertherapie verschwimmen an dieser Stelle deutlich.

Boal orientiert sich bei seinen Methoden unter anderem an Stanislawski, welcher der Überzeugung ist, dass die Kunst des Erlebens (bezogen auf das Spielen einer Figur) eine radikale Variante von Einfühlungskunst sei, die eben die psychischen wie auch körperlichen Sphären ansprechen muss. Hierbei müsse sich der Protagonist in die Bereiche der Phantasie, des vorgestellten Lebens versetzen, um dort ein der Wirklichkeit entsprechendes Phantasiegebilde zu schaffen (Bidlo, 2006, S. 46

---

9   somit kann man unter anderem an folgenden PTBS-Symptomen, welche oben bereits genannt wurden, arbeiten: *Probleme in zwischenmenschlichen Beziehungen + Probleme im Selbstbild und im Umgang mit Gefühlen*

ff.). Ich finde, dass hier eine Grenze der Theaterarbeit sichtbar wird. Nicht jeder Mensch ist in der Lage und besitzt ausreichende Vorstellungskraft um sich wieder so in die Situation hineinzuversetzen und diese eben dann auch als wirklich und real zu empfinden. Durch die Methoden von Stanislawski u.a. kann man aber auch genau daran während den Gruppensitzungen arbeiten.

4.5 Arbeitsansatz von Ingrid Lutz mit Opfern von sexueller Gewalt

Als zweites Beispiel möchte ich den Arbeitsansatz aus einem von Ingrid Lutz[10] im Jahr 2001 durchgeführten Theaterprojekt mit sexuell missbrauchten Frauen vorstellen.

Das Theater finde Bilder und Ausdruck für die entsetzlichen Erlebnisse der Teilnehmer (hier K. und J.). Es spiele mit den Entsetzlichsten und Unvorstellbarsten. Es zeige ihre Existenz und lebe mit ihnen, indem es damit spielt (Lutz, 2002, S. 176). Ihres Erachtens nach ist der Sinn des klassischen griechischen Theaters, wie bereits mehrfach erwähnt, die „Katharsis". Wörtlich kann man diese als „Reinigung" von dem Leben schädigenden beziehungsweise beeinträchtigenden Affekten bezeichnen (ebd.). Diese kann immer dann stattfinden, wenn existenzielle Fragen nach beispielsweise Schuld und Sühne, Leben und Tod aber auch Liebe und Hoffnung im Theater aufgegriffen werden und diese dann auch sichtbaren Ausdruck finden (ebd.). Lutz schreibt:

> „Theater ist der Ort, wo öffentlich extreme Gefühle geäußert werden dürfen, wo es erlaubt ist, unkonventionelle, provokative, sozial nicht akzeptierte Handlungen auszuführen und zu zeigen [...] d.h. Grenzverletzungen für die man in der normalen Realität, im Gefängnis oder der Psychiatrie landet oder sich der Verfremdung oder Lächerlichkeit preisgibt." (ebd.)

Weiter führt sie aus, dass künstlerische Medien seit Urzeiten die Mittel seien, oft die einzigen, mit denen das Unaussprechliche, das Unfassbare ausgedrückt werden könne. Und Ausdruck dafür zu finden sei für den Einzelnen als auch für die Gemeinschaft existentiell wichtig (ebd). Beim Prozess des sich Erinnerns durch das Theater müssen die traumatischen Erfahrungen weder der individuellen noch der kollektiven Verdrängung anheimfallen und mit dem Verlust von Lebensmöglichkeiten und Lebendigkeit bezahlt werden (ebd., S.177). Im künstlerischen Ausdruck könne das persönliche Problem zum Thema transformiert werden und einem Publikum

---

[10] Ingrid Lutz ist eine deutsche Schauspielerin.

nahegebracht werden – gegen die persönliche und kollektive Ausgrenzung und Verdrängung. Lutz betont nochmals, dass diese Realität der extremen Gefühle und entsetzlichen Taten wirklich vorhanden ist, sie werde nur in unserer Sozialisation extrapoliert, verdrängt und als nicht existent erklärt, und kann dadurch unkontrollierbar ihre Wirkung entfalten. Ferner betont sie hierbei den erheblich sozial integrierenden Effekt, welchen Theater besitzt, da es schon immer eine Gemeinschaftskunst gewesen ist (ebd.).

Bei einem Trauma muss zwischen dem traumatischen Erlebnis selbst und dem Prozess der Traumatisierung als Reaktion auf das traumatische Erleben unterschieden werden. Der Arbeitsansatz von Lutz bezieht sich auf zweitgenanntes. Genauer genommen setzt der Ansatz bei der chronifizierten Reaktion der Erstarrung und bei dem Identitätsverlust an.

Die chronifizierte Reaktion wird bei Lutz folgendermaßen beschrieben[11]:

> „Traumasymptome entstehen in einem zunächst fürs Überleben absolut sinnvollen Prozess der Immobilitäts- und Erstarrungsreaktion auf ein Geschehen, das als übermächtig auf Körper und Seele existenziell bedrohend erlebt wird. [...] Um auf Bedrohungen zu reagieren, kann der Organismus kämpfen, fliehen oder erstarren! Diese Verhaltensweisen sind Bestandteile eines von der bewussten Steuerung unabhängigen Reaktionsmechanismus, der im Stammhirn, dem sog. Reptiliengehirn lokalisiert ist, das alle unwillkürlichen Lebensvorgänge steuert. Wenn es unmöglich ist zu kämpfen oder zu fliehen, kontrahiert der Organismus instinktiv und greift zu seiner letzten Möglichkeit, der Erstarrung. Durch dieses Sich-Zusammenziehen wird die hohe Energie, die für Kampf oder Flucht aktiviert ist, komprimiert und im Nervensystem gebunden, d.h. kurzfristig aufbewahrt, um bei einer Veränderung der Situation blitzschnell fliehen oder zum Gegenangriff übergehen zu können [...]. Traumatisierung geschieht, wenn diese Energie über längere Zeit komprimiert und im Organismus bleibt. **Dann verwandelt sich die nicht möglich gewesene Kampfreaktion in ohnmächtige Wut und die fehlgeschlagene Fluchtreaktion in das Gefühl absoluter Hilflosigkeit.** Die gewaltigen, für das Überleben aktivierten Energien werden nicht, wie im instinktiven Reaktionssystem vorgesehen, wieder entladen, sondern in Verbindung mit den übermächtigen emotionalen Zuständen der Angst, der Wut und der Hilflosigkeit gebunden." Auf der physiologischen Ebene wird die normale Funktionsweise des Nervensystems außer Kraft gesetzt, Immobilität tritt ein, die/der Betroffene erstarrt (oder kollabiert). **Der Erstarrungszustand wird chronifiziert, indem die hohe Energie durch die mobilisierten Emotionen im Nervensystem gehalten wird. Es entsteht ein Teufelskreis, der den physiologischen**

---

[11] anzumerken sei hierbei, dass sich Lutz bei dieser Schilderung auf das Buch von Levine (1998) *TRAUMA – HEILUNG. Das Erwachen des Tigers* bezieht

„natürlichen" Abschluss der Immobilitätsreaktion verhindert. So wie Erschrecken und Wut bei der Entstehung der Erstarrung eine Rolle gespielt haben, tragen sie später zu deren Aufrechterhaltung bei – auch wenn keine reale Bedrohung mehr existiert." (ebd., S.178-179)

In diesem Zusammenhang werden die Trennung von Körper und Seele als wichtigste Auswirkung der PTBS angesehen. (vgl. Depersonalisation, Identitätsverlust). Für die traumatisierten Kinder und Jugendlichen bedeutet dies konkret, dass die Wahrnehmung des Körpers und der inneren Erfahrung abgetrennt wurde, um sich vor den Empfindungen und Emotionen zu schützen, welche in diesem Moment nicht verkraftet werden konnten. Dies geschieht um Auszuhalten, was eigentlich unerträglich ist. Die Folge davon ist die Erstarrung (vgl. auch freeze) und die Abspaltung der Wahrnehmung des Körpers als Überlebensstrategie[12].

Zu der eben beschriebenen Immobilitätsreaktion ist für Lutz noch die soziale Umwelt ein entscheidender Faktor. Hiermit liefert sie zugleich einen möglichen Grund für das Symptom der Isolation. Die Traumatisierten vermuten, dass niemand ihnen glauben kann und dass sie für verrückt gehalten werden oder denken sie werden selber verrückt, weil sie das Erlebnis nicht adäquat wiedergeben können (ebd., S.180). Die Intensität des Erlebnisses in Bezug auf die Gefühlswelt der Betroffenen entzieht sich jedem Beschreibungsversuch. Zudem schrecken die meisten Menschen, auch diejenigen die den Traumaopfern sehr nahe stehen vor diesen meist intensiven Reaktionen, welche aufgrund der extremen Emotionen und Symptome vorhanden sind, zurück und versuchen sie ebenfalls zu unterdrücken (ebd.). Man mag sich den Schmerz gar nicht vorstellen, welcher den Traumatisierten zugefügt wurden ist. Lutz führt hierzu aus:

> „Das Verständnis und die Umgangsmöglichkeiten mit starken Emotionen sind in unserer Kultur nicht sehr groß, ihre Unterdrückung und Leugnung weit verbreitet. („Reiß dich zusammen, es ist ja vorbei!", „Du solltest die ganze Sache vergessen, das Leben geht weiter!")." (ebd., S. 181)

Aus diesem Grund bleibt den traumatisierten K. und J. oftmals nichts Anderes übrig, als der Außenwelt beziehungsweise ihrer sozialen Umwelt zu signalisieren, dass alles gut sei und nichts geschehen ist, obwohl ambivalent dazu die Symptome doch schwerwiegend sind und diese die Opfer im Alltag und beim normalen

---

12 Wie wir sehen können, verschiebt sich hier der Fokus von der psychologischen Sichtweise der Entstehung einer PTBS auf die eher physiologischen Reaktionen unseres Körpers.

Funktionieren extrem hindern. Wenn man auf die anderen beschwerdenlos wirken möchte, ist dies meist nur mit der Unterdrückung von Impulsen und von der Wahrnehmung von Körpersignalen möglich (ebd.). Ein Teufelskreis für die meisten Betroffenen. Können die Kinder und Jugendlichen dieser Belastung nicht standhalten, ziehen sie sich, wie bereits mehrfach erwähnt, zurück. Für Lutz sind dadurch folgende Aspekte für die Theaterarbeit relevant:

Man solle genau diese Gefühle und Impulse ausdrücken lernen und diese nicht vor sich und anderen Menschen verstecken. Man soll den K. und J. die Erfahrung vermitteln, dass diese Gefühle da sein dürfen [...] (ebd.). Akzeptanz und Verstanden werden spielen hier eine entscheidende Rolle auf dem Weg zur Selbstfindung. Lutz führt weiter aus, dass nach der traumatischen Erfahrung (allen voran in der Kindheit) die Suche nach der eigenen Identität und dem vollständigen Leben nicht ohne den Prozess des Sich-Erinnerns stattfinden könnte (ebd.). Leben gehe nur mit der eigenen Geschichte und mit dem eigenen Körper und dazu sei es notwendig, sich innerhalb der eigenen Person mit den gemachten Erfahrungen auseinanderzusetzen und zu versöhnen. Nur dann wird es möglich sein sich die eigene Geschichte wieder anzueignen, zu eigen zu machen und die geraubte Sexualität und Identität für sich wiederzuholen (ebd.). Auch in der kognitiven Verhaltenstherapie, welche laut Studien in Bezug auf Traumatisierungen als die effektivste Therapie gilt, finden sich hier Parallelen wieder. Bei dieser Therapieform ist einer der wichtigsten Arbeitsschritte „die Erinnerung an das Trauma als etwas Vergangenes erlebbar zu machen" und die Auslöser des Wiedererlebens" zu entdecken und bewusst werden zu lassen (Ehring & Ehlers, 2012, S. 56). Dies geschieht oftmals ebenfalls mit Hilfe einer Bühne. Hier ist die Bühne aber lediglich unsere Vorstellungskraft und Phantasie. Hierzu können wir folgendes lesen:

> „Diese Auseinandersetzung mit der Traumatisierung kann auf verschiedene Art und Weise geschehen. Üblicherweise wird die Therapeutin Sie bitten, das Trauma mehrmals vor ihrem inneren Auge [auf Ihrer inneren Bühne] noch einmal von Anfang bis Ende durchzugehen und ihr dabei genau zu schreiben, was passiert ist und welche Sinneseindrücke, Gedanken, Gefühle und Körperempfindungen Sie hatten [...]." (ebd., S. 56)

Man sieht hier meines Erachtens nach deutlich die Überschneidungen zur psychologischen beziehungsweise therapeutischen Vorgehensweise bei Traumatisierungen.

Kommen wir nun zu den Grundannahmen bei der Entwicklung des Arbeitsansatzes bei Lutz zurück. Wie wir bereits erfahren konnten ist die Reaktion auf das traumatische Erlebnis zunächst eine rein physiologische, die vom Bewusstsein nicht direkt steuerbar ist. Für Lutz ist daher der Zugang zur Wahrnehmung der Körperebene die erste entscheidende Konstituente. Damit die, durch die Immobilitätsreaktion festgehaltenen, Energiemengen freigesetzt und somit verringert werden können, sei die Unterscheidung von Empfindung und Emotion hierbei notwendig (ebd., S.182 f.). Empfindung wird hier mit der Körperempfindung gleichgesetzt. Die Emotionen wiederum sind die Gefühle, welche in Verbindung zu unserer Vergangenheit

stehen. Warum ist dies nun für die Traumatisierung entscheidend?

> „Bei der traumatischen Erfahrung wurden bestimmte Körperempfindungen und die Wahrnehmung von hoher Intensität mit den Gefühlen von totaler Hilflosigkeit und ohnmächtiger Wut verknüpft. Diese Verbindung wird chronifiziert, bestimmte Körperempfindungen rufen automatisch diese Gefühle hervor." (ebd., S. 183)

Als Beispiel kann man hier folgendes anführen: Marion verbindet eine Handannäherung ihres Freundes sofort mit der Empfindung des Ekels. Ihr wird beispielsweise schlecht oder sie fängt an zu schwitzen. Ihre Erinnerung an das früher Erlebte kann nicht abgekoppelt werden.

Deshalb ist es wichtig, zunächst die individuell unterschiedliche automatische Verknüpfung zu erkennen und dann zu Versuchen die Automatisierung abzulösen. Dazu sei es zentral, die konkrete aktuelle Wahrnehmung des Körpers und der momentanen Situation von den alten Gefühlen unterscheiden zu lernen und wahrzunehmen, wie sie von der Vergangenheit gesteuert werden. Wichtig sei, die körperlichen Empfindungen, durch die diese alten Gefühle aktiviert werden, konkret wahrzunehmen und Alternativen zur bisherigen Reaktion zu haben (ebd.). Dazu ist es hilfreich die Präsenz im Hier und Jetzt zu üben, damit der Körper lernen kann, dass zum jetzigen Zeitpunkt nichts mehr passieren kann. Dass die Körperempfindungen nicht mehr gerechtfertigt sind, weil das schlimme Ereignis in der Vergangenheit liegt. Dazu ist die Präsenz auf der Bühne eine wertvolle Hilfe. Auf dieser können die K. und J. üben das Vergangene zu erfahren ohne es zu interpretieren oder dieses verändern zu wollen (ebd.). Auf der Bühne spielen sie, es kann ihnen nichts mehr passieren. Gleichzeitig stellen sie sich den Emotionen und drücken diese aus. Dramatherapeutische Vorgehensweisen schaffen demnach einen durch Theaterregeln strukturierten Raum in dem eine Auseinandersetzung mit extremen menschlichen Erfahrungen möglich ist, unabhängig von sonst bestehenden sozialen Regelsystemen (ebd., S. 184). Lutz führt weiter aus, dass man sich beim

Theaterspielen durch die Rollenarbeit die dargestellte Erfahrung einverleibt, sie gezielt und bewusst mit allen Körperempfindungen [mit allen Sinnen] und Gefühlen wahrnimmt. Man bringt sie zum Ausdruck, bringt sie in Bewegung. Man setzt diese ins Spiel um und hat somit unabdingbar das Ende der Erstarrung zumindest in diesem Kontext zur Folge. Somit wird einem eine Alternative zur Erstarrungsreaktion geboten (ebd.). Man kann wahrnehmen, dass man nicht mehr hilflos ist und die Gefahr bekämpfen kann. Dennoch betont Lutz, dass dieser Ansatz nicht die Auflösung der Traumatisierung oder die therapeutische Bearbeitung des traumatischen Ereignisses bezwecken kann. Sie befähigt aber zur Entwicklung neuer Perspektiven und Handlungsmuster und lässt einen die eigene Identität reflektiert behandeln (ebd., S. 185). Die Opfer von sexueller Gewalt übernehmen oft einen Teil der Schuld für den Missbrauch und sehen sich selbst als Akteur. Hinzukommt die schon oft erwähnte Scham. Dieses ist sehr identitätsprägend und führt zu beträchtlichen Veränderungen in der Selbstsicht (ebd.). Man muss mit den K. und J. erarbeiten, dass diese Gefühle unberechtigt sind. Dies kann man nur in einem reflektierten Umgang mit dem eigenen Selbst erlernen. Lutz versucht mit ihrer Arbeit die Verlebendigung und Integration des traumatischen Erlebens in eine fließende Identität zu erreichen, die hierbei auftretenden Schuld- und Schamgefühle zu relativieren und damit eine Lockerung der Traumatisierung und der damit verbundenen Symptome zu erreichen (ebd.).

Um mit den in der Symptomatik beschriebenen Körperempfindungen und Erinnerungen umgehen zu können und sie produktiv zu nutzen, ohne erneut in die Schutz- und Widerstandsmechanismen (der Immobilitätsreaktion) zu fallen, versucht Lutz erst einmal zunächst genau dieses Thema von Schutz und Widerstand auf- und anzugreifen.

Ausgehend von den Hauptsymptomen der traumatischen Störung versucht Lutz gezielt den Gegenpol zu schaffen. Genauer beziehungsweise konkreter ausgedrückt, möchte sie einen Gegenpol zu dem Erleben von Machtverlust, dem Verlust jeglichen Vertrauens in sich und die Welt und des Verlustes der Verbindung zu sich selbst und anderen schaffen (ebd., S.188). Für dieses Unterfangen orientiert sie sich an folgenden Arbeitsprinzipien:

1. Sicherheit herstellen

2. Vertrauen in die eigene Kraft und die eigenen Fähigkeiten wiederfinden

3. Verbindung aufnehmen, zu sich, zu anderen und der äußeren Welt (ebd.)

Hierzu werden dann den K. und J. verschiedenen körper- und drama- bzw. kreativitätstherapeutiscshe Formen und Methoden angeboten. Eine kurze Auflistung der Wirkungen dieser Methoden und zwei kurze Beispiele finden sie im Anhang A.2.

Bei dieser Arbeit geht es zudem vor allem darum eine Vertrauensbasis aufzubauen. Ohne diese könnte eine Auseinandersetzung mit dem Thema „Missbrauch" nicht möglich sein[13]. Wenn man diese erste Etappe gelungen durchlaufen hat, kann man mit der Arbeit an Rollen und deren Verkörperung beginnen. Hierbei gibt es Anknüpfungen an die zeitgenössischen Dramatherapien wie beispielsweise von Jennings und Landy. Hierbei wird das Spielen auf der Bühne unter dem Schutz von Rollen zum Entdecken neuer Handlungsmöglichkeiten gesehen (vgl. ebenso Boal). Erst einmal hat sich Lutz hierbei vorrangig auf die fähigen gegenwartsbezogenen Persönlichkeitsanteile fokussiert, um diese noch zu stärken. Danach ging es an die „verwundeten" Persönlichkeitsanteile (2002, S.190). Wie sie dies genau durchgeführt und erreicht hat, kann ich in dieser Ausarbeitung aus Platzgründen leider nicht mehr aufzeigen. Diese Übungen und Auseinandersetzungen haben einen Zeitraum von über einem Jahr in Anspruch genommen. In diesem Kontext kann man nochmals die Eigenzeit künstlerischer Erfahrung betonen. Hentschel schreibt hierzu: „Wo keine Zeit ist, können sich keine ästhetischen Erfahrungen entfalten" (2008, S.18). Man braucht Zeit und Geduld um den K. und J. adäquat helfen zu können.

Nach der ersten Phase, sprich der vertrauensbildenden und Sicherheit gebenden Maßnahme, folgte die Arbeit an einer gemeinsamen Inszenierung der Thematik. Lutz wurde beispielsweise in der griechischen Mythologie fündig und konnte viele kleine Szenen mit Geschichten bezüglich dieser Thematik finden. Hier begann nun unter anderem das Aneignen der aggressiven Kraft, sprich die Transformation des Gefühls von Ohnmacht und Hilflosigkeit in Wut. Das Herauskommen aus der Erstarrung. Die Frauen sollten hierbei sogar die Täterrolle selbst spielen:

> „Die Frauen hatten angefangen mit dem Thema im wahrsten Sinne des Wortes zu spielen und damit hatte es nicht mehr die Macht über sie. Sie hatten die aktive Rolle übernommen, hatten ihr Spiel daraus gemacht. Bei diesem Prozess haben die Frauen Schritt für Schritt ihre in Hilflosigkeit erstarrte Reaktion und die festgehaltene, erstarrte Energie der ohnmächtigen Wut in ein eigenes, aktives, aggressives Handeln

---

[13] vgl. hierzu auch 4.1. Gruppenzugehörigkeit

transformiert. Das war möglich im Schutz der Rollen und durch die Erlaubnis, die der Handlungsverlauf der mythischen Geschichten gab." (Lutz, 2002, S. 192)

Entscheidend ist für Lutz diese Erfahrungen in einer Form mitteilen zu können, dass sie wahrgenommen, für „wahr" genommen und angenommen werden. Ihres Erachtens nach reicht es nicht aus sich selbst wahrzunehmen und anzunehmen. Für jede Identitätsentwicklung sei genauso relevant wie man von anderen wahrgenommen wird. Immerhin sind wir soziale Wesen. Und genau aus diesem Grund ist das Publikum beziehungsweise die Öffentlichkeit für die Identitätsentwicklung von äußerster Wichtigkeit (ebd., S. 185). An dieser Stelle könnte man auch einen entscheidenden Schritt gegen die Tabuisierung tun und zugleich eine Aufklärung bezüglich dieser Thematik vornehmen. Denn leider kann man aus aktuellen Umfragen und Studien entnehmen, dass Menschen mit psychischen Erkrankungen (seien dies Kinder, Jugendliche oder Erwachsene) weiterhin in der Gesellschaft stigmatisiert werden (BPtK, S. 7). Lutz möchte, dass sich die Betroffenen nicht weiter verstecken müssen und sich nicht zu schämen brauchen, sondern stattdessen sich zeigen und das Thema in einer heilenden Form öffentlich machen. Dies bedeutet nicht mehr nur privat und im Schutzraum der Gruppe. Die Opfer sollen sich im Schutz ihrer Rollen zeigen können. Das gemeinsame Ziel ist hierbei ein gutes Stück auf die Bühne zu bringen und auf keinen Fall Betroffenheitstheater zu machen (Lutz, 2002, S.193). Das Ziel ist sich zu zeigen, zu sich und zu dem, was gespielt wird zu stehen. Dies fördert das Selbstbewusstsein, denn man muss über seinen Ängsten stehen und hierbei Kraft und Stärke beweisen. Die Thematik der öffentlichen Aufführung muss jedoch allen voran bei Schutzbefohlenen in Frage gestellt und besprochen werden. Dennoch sehe ich die gesamten restlichen Arbeitsschritte als sehr empfehlenswert an, um missbrauchten Jugendlichen auf dem Weg aus ihrer Traumatisierung und ihren damit verbundenen Symptomen, wie der Isolierung, der Abstumpfung von Gefühlen und vielem mehr helfen zu können

5 Interdisziplinäre Anforderungen an den Pädagogen

> „Der Theatermacher weiß, dass die Welt geistig aufgebaut ist. Diese Erkenntnis widerspricht nicht einem modernen (durch den Materialismus geläuterten, aber nicht in ihm steckengebliebenen) Weltbild." (Gandalf Lipinski)

Meines Erachtens nach ist deutlich geworden, dass eine gelungene Theaterarbeit mit traumatisierten Kindern und Jugendlichen interdisziplinäre Wissensbestände voraussetzt. Zu aller erst sei hier nochmals auf Lipinski verwiesen, welcher der Auffassung ist, dass Theatertherapie, in unserem Kontext Theaterarbeit sowohl mit medizinisch-psychologisch-psychotherapeutischen Disziplinen, als auch mit politisch-soziologisch-pädagogischen Disziplinen, und mit der philosophisch-religiös-spirituellen und tiefenökologischen Ebene korrespondiere (2002, S. 49). Aus diesem Grund und aufgrund meiner Ausarbeitung komme ich zu dem Entschluss, dass die Theaterarbeit auf drei Hauptkomponenten beziehungsweise drei Hauptsäulen aufgebaut sein muss. Als erste Disziplin sei das Theater, sprich die Theaterwissenschaft beziehungsweise die Dramaturgie zu nennen. Wir müssen uns im Handwerk selbst auskennen, selber Rollenarbeit und vieles mehr erlebt haben, um adäquat die Methoden etc. vermitteln zu können. Hier sei nochmal auf die ästhetische Erfahrung des Theaters verwiesen. Auch wenn wir das Theater für therapeutische oder pädagogische Aspekte nutzen möchten, dürfen wir nicht die heilbringende Wirkung des Theaters selbst vergessen.

> „Ich sehe [...] in der Theaterarbeit besonders mit Gruppen eine gesellschaftliche, individuelle und spirituelle Heilungskraft, die nicht aus einer klassischen psychotherapeutischen Haltung herkommt, sondern aus der künstlerischen Motivation direkt entsteht." (Lipinski, 2002, S.47)

Die zweite und dritte Säule sind meiner Ansicht nach die Psychologie und die Pädagogik.Man braucht Wissen über die Erkrankung und die Symptome. Man braucht Handlungskompetenzen, um mit den Verhaltensweisen der missbrauchten K. und J. umgehen zu können. Aber ebenso die Pädagogik und auch die Soziologie und Philosophie leisten einen Beitrag dazu die Wirkung des Theaters, aber auch die K. und J. selbst zu verstehen. Deren soziale Welt und die Weltansichten eben genannter zu begreifen. Das Theater ist ein Medium der Gemeinschaft, der Gesellschaft. Also müssen wir auch begreifen wie die Gesellschaft heutzutage aufgebaut ist, um das Theater den gesellschaftlichen Komponenten anpassen zu können. Im Kontext der Theaterarbeit mit traumatisierten K. und J. sollte man noch folgendes ausführen. Körperliche, seelische und geistige Erkrankungen, Störungen, Verletzungen der natürlichen Harmonie und Balance manifestieren sich laut Lipinski im Verhältnis Individuum und Gesellschaft zur Umwelt, im Verhältnis Individuum zur Gesellschaft beziehungsweise Gemeinschaft, im Verhältnis der körperlichen, emotionalen, geistigen, seelischen, sexuellen und spirituellen Aspekte innerhalb des Individuums (2002, S.49). Wer gute Theaterarbeit leisten möchte muss stets mit und an dem Menschen arbeiten. Den Menschen im Ganzen, sprich die leiblichen und seelischen Faktoren, betrachten und zusätzlich nicht vergessen, dass der Mensch ein „zoon politikon" (Hentschel, 2008, S.16) ist, sprich „ein soziales, auf Gemeinschaft angelegtes und Gemeinschaft bildendes Lebewesen" (ebd.). Dies zeigt sich auch in den Symptomen einer PTBS. Die Menschen fühlen sich nicht nur aufgrund des traumatischen Erlebnisses schlecht, sondern weil sie aufgrund dessen das Vertrauen in die Gemeinschaft verlieren, sich nicht verstanden und somit einsam fühlen. Die Theaterarbeit sollte vor allem auch gegen diese Symptomatik einen entscheidenden Schritt tun. Und das kann diese in jedem Fall, denn das Theater ist ein auf Gemeinschaft ausgelegtes Medium, fördert die Gruppenzugehörigkeit, zeigt Verständnis für die Problematik und die Gefühle des Einzelnen im Kontext einer Gruppe. Der integrierende Effekt ist hierbei klar ersichtlich.

Abschließend kann nur nochmals betont werden, wie wichtig es ist, sich interdisziplinär auf die Theaterarbeit mit den traumatisierten Kindern und Jugendlichen vorzubereiten.

6 Fazit

Meines Erachtens nach kann aufgrund dieser Ausarbeitung aufgezeigt werden, dass Theaterarbeit bei schwer traumatisierten Kindern und Jugendlichen durchaus ihre Wirkung entfalten kann. Sie bietet den Kindern und Jugendlichen einen Raum, indem sie so sein können wie sie sind, ohne sich zu verstellen. Indem sie ihre Emotionen, ihre Erlebnisse nicht verstecken müssen. Sie können aggressiv und traurig sein. Sie können ihre Emotionen offenlegen ohne verurteilt zu werden. Die Theaterarbeit kann keinen Therapieprozess ersetzen, aber sie kann meiner Meinung nach durchaus Symptome der PTBS (wie beispielsweise Gefühlstaubheit, Isolation, Scham) günstig beeinflussen. Ich wollte mit dieser Ausarbeitung kein fertiges „Rezept" für die Theaterarbeit mit traumatisierten Kindern und Jugendlichen anbieten. Ich wollte aufzeigen, warum und wodurch man K. und J. mit Hilfe des Theaters helfen kann und ich hoffe, dass mir dies gelungen ist.

In der heutigen mechanistischen Gesellschaft vergessen immer mehr Menschen, wie heilsam die Künste seit jeher waren. Wir sollten diese wieder viel mehr in den Fokus rücken.

Zudem finden missbrauchte Kinder und Jugendliche viel zu wenig Hilfe, Unterstützung und Verständnis in ihrer Situation. Die Gesellschaft sollte mehr für diese Thematiken sensibilisiert werden, damit die Stigmatisierung und Tabuisierung endlich ein Ende nimmt und offen über solche Gräueltaten geredet werden kann.

> „Die Kunst fungiert als Gedächtnis der Menschheit und zwar Gedächtnis für die Bereiche, Erfahrungen, die in den anderen Lebensbereichen auch in den Wissenschaften gar nicht oder nur unzureichend ausgedrückt und dargestellt werden können. Die Träume, Ängste, Visionen, Obsessionen, Wünsche und Entwürfe, die im Leben vielleicht nie ihren Platz finden, die aber zu ihm gehören, sind Gegenstand von Kunst."

(Ingrid Hentschel)

Literaturverzeichnis

Bidlo, Tanja (2006): Theaterpädagogik. Einführung, Essen.

Bild (Deckblatt), http://www.tollabea.de/wp-content/uploads/2016/04/Trau-matisierte-Kin-der.jpg, (22.10.2016).

Boal, Augusto (1999): Der Regenbogen der Wünsche, Seelze.

BPtK (Bundes Psychotherapeuten Kammer) (2013), http://www.lpk-bw.de/ar-chiv/bptk_-standpunkt/20130524_bptk-standpunkt_politik_fuer_psy-chisch_kranke_menschen.pdf, (19.10.2016).

Caruth, Cathy (2002): Trauma als historische Erfahrung: Die Vergangenheit einholen, in: Ulrich Baer (Hrsg.): *Niemand zeugt für den Zeugen: Erinnerungskultur und historische Verantwortung nach der Shoa*, Frankfurt am Main.

Dilling, Horst/ Freyberger, Harald (2010): Taschenführer zur ICD-10-Klassifikation psychischer Störungen, Bern.

Domkowsky, Romi (2011): Theaterspielen – und seine Wirkungen, Berlin.

Domkowsky, Romi/ Walter, Maik (2012): Was kann Theater? Ergebnisse empirischer Wirkungsforschung, in: Scenario, Jg. VI, Nr. 1, S. 85 – 111, http://research.ucc.ie/scenario/-2012/01/domkowskywalter/07/de, (25.09.2016).

Ehring, Thomas/ Ehlers, Anke (2012): Ratgeber Trauma und Posttraumatische Belastungsstörung. Informationen für Betroffene und Angehörige, Göttingen.

Hentschel, Ingrid (2008): Medium und Ereignis – warum Theaterkunst bildet, http://www.fbschrewe.de/PDF/Warum_Theaterkunst_bildet.pdf, (14.10.2016).

Huber, Michael (2003): Trauma und die Folgen. Trauma und Traumabehandlung Teil 1, Paderborn.

Klahn, Antje (2016): „Das ist bestimmt ein total schöner Beruf!" – Gedanken zum Image der Theaterpädagogik, in: Zeitschrift für Theaterpädagogik, Nr. 68, April 2016, S. 21 - 23

Jungert, Michael (2013): Personen und ihre Vergangenheit: Gedächtnis, Erinnerung und personale Erinnerung, Berlin.

Levin, Ilona (2002): Dramatherapie in der Arbeit mit schwer traumatisierten Kindern, in: Müller-Weith, Doris/ Neumann, Lilli/ Soltenhoff-Erdmann, Bettina (Hrsg.): Theater Therapie. Ein Handbuch, Paderborn, S. 206 - 217.

Lipinski, Gandalf (2002): Das Theater als heilende Gemeinschaftskunst, in: Müller-Weith, Doris/ Neumann, Lilli/ Soltenhoff-Erdmann, Bettina (Hrsg.): Theater Therapie. Ein Handbuch, Paderborn, S. 37 - 53

Lutz, Ingrid (2002): Drama und Trauma. Zwei Projekte mit Opfern und Tätern sexueller Gewalt, in: Müller-Weith, Doris/ Neumann, Lilli/ Soltenhoff-Erdmann, Bettina (Hrsg.): Theater Therapie. Ein Handbuch, Paderborn, S. 175 – 205.

Martens, Gitta (2002): Dramatherapie – ein Literatureinblick, in: Müller-Weith, Doris/ Neumann, Lilli/ Soltenhoff-Erdmann, Bettina (Hrsg.): Theater Therapie. Ein Handbuch, Paderborn, S. 54 - 76.

Maruszewski, Tomasz (2005): Pamięć autobiograficzna, Sopot.

Neumann, Lilli (2002): Einleitung: Theater und Therapie, in: Müller-Weith, Doris/ Neumann, Lilli/ Soltenhoff-Erdmann, Bettina (Hrsg.): Theater Therapie. Ein Handbuch, Paderborn, S. 11 – 26.

Vogtmann, Anne (2010): Augusto Boals Theater der Unterdrückten: revolutionäre Ideen und deren Umsetzung. Ein Überblick, in: Helikon. A Multidisciplinary Online Journal, http://www.helikon-online.de/2010/Vogtmann_Boal.pdf, (20.10.2016).

Winnicott, Donald (1997): Vom Spiel zur Kreativität, 9. Auflage, Stuttgart.

Anhang

ICD-10: F43.1 posttraumatische Belastungsstörung

F43.1 posttraumatische Belastungsstörung

Diese entsteht als eine verzögerte oder protrahierte Reaktion auf
ein belastendes Ereignis oder eine Situation kürzerer oder län-
gerer Dauer, mit außergewöhnlicher Bedrohung oder katastro-
phenartigem Ausmaß, die bei fast jedem eine tiefe Verzweiflung
hervorrufen würde. Prädisponierende Faktoren wie bestimmte,
z. B. zwanghafte oder asthenische Persönlichkeitszüge oder neuro-
tische Erkrankungen in der Vorgeschichte können die Schwelle
für die Entwicklung dieses Syndroms senken und seinen Verlauf
erschweren, aber die letztgenannten Faktoren sind weder notwendig noch ausreichend, um das Auftreten der Störung zu er-
klären.

Typische Merkmale sind das wiederholte Erleben des Traumas
in sich aufdrängenden Erinnerungen (Nachhallerinnerungen,
Flashbacks), Träumen oder Alpträumen, die vor dem Hintergrund
eines andauernden Gefühls von Betäubtsein und emotionaler
Stumpfheit auftreten. Ferner finden sich Gleichgültigkeit gegenüber anderen Menschen, Teilnahmslosigkeit der Umgebung gegenüber, Freudlosigkeit sowie Vermeidung von Aktivitäten und

Situationen, die Erinnerungen an das Trauma wachrufen könnten. Meist tritt ein Zustand von vegetativer Übererregtheit mit Vigilanzsteigerung, einer übermäßigen Schreckhaftigkeit und Schlafstörung auf. Angst und Depression sind häufig mit den genannten Symptomen und Merkmalen verbunden, und Suizidgedanken sind nicht selten.

Der Beginn folgt dem Trauma mit einer Latenz, die wenige Wochen bis Monate dauern kann. Der Verlauf ist wechselhaft, in der Mehrzahl der Fälle kann jedoch eine Heilung erwartet werden. Bei wenigen Betroffenen nimmt die Störung über viele Jahre einen chronischen Verlauf und geht dann in eine andauernde Persönlichkeitsänderung (F62.0) über.

Dazugehöriger Begriff:

* traumatische Neurose

Diagnostische Kriterien

A. Die betroffene Person war einem kurz- oder langhaltenden Ereignis oder Geschehen von außergewöhnlicher Bedrohung oder mit katastrophalem Ausmaß ausgesetzt, das bei nahezu jedem tiefgreifende Verzweiflung auslösen würde.

B. Anhaltende Erinnerungen oder Wiedererleben der Belastung durch aufdringliche Nachhallerinnerungen, lebendige Erinnerungen, sich wiederholende Träume oder durch innere Bedrängnis in Situationen, die der Belastung ähneln oder mit ihr in Zusammenhang stehen.

C. Umstände, die der Belastung ähneln oder mit ihr im Zusammenhang stehen, werden tatsächlich oder möglichst vermieden. Dieses Verhalten bestand nicht vor dem belastenden Erlebnis.

D. Entweder 1. oder 2.
   1. Teilweise oder vollständige Unfähigkeit, einige wichtige Aspekte der Belastung zu erinnern.
   2. Anhaltende Symptome einer erhöhten psychischen Sensitivität und Erregung (nicht vorhanden vor der Belastung) mit zwei oder mehr der folgenden Merkmale:

> a. Ein- und Durchschlafstörungen,
> b. Reizbarkeit oder Wutausbrüche,
> c. Konzentrationsschwierigkeiten,
> d. Hypervigilanz,
> e. erhöhte Schreckhaftigkeit.
>
> E. Die Kriterien B., C. und D. treten innerhalb von sechs Monaten nach dem Belastungsereignis oder nach Ende einer Belastungsperiode auf. (Aus bestimmten Gründen, z. B. wissenschaftliche Untersuchungen, kann ein späterer Beginn berücksichtigt werden, dies sollte aber gesondert angegeben werden.)

(aus: Dilling & Freyberger, 2010, S. 173 – 175)

Beispiel für körper- und drama- bzw. kreativitätstherap. Formen und Methoden

1. Grenzen wahrnehmen und setzen

2. Stärke/Kraft finden

   (Vertrauen in ich und andere, in den festen Boden unter den Füßen glauben)

3. Abläufe im eigenen Körper wahrnehmen

4. Präsenz

   (im eigenen Körper und in der Gegenwart stärken, Fähigkeit entwickeln Vergangenheit und Gegenwart zu trennen)

5. Ausdruck finden

   (mit Gegenständen, malen, Körper, Stimme...)

6. Der Weg aus der Isolation

   (Verbindung zu anderen wahrnehmen, aufnehmen (vgl. Lutz, 2002, S. 188-189)

Beispiel für *Grenzen setzen*:

„Hier ein Beispiel zum Thema „Grenzen setzen" aus einer der ersten Gruppenstunden: Als körperliche Vorübung findet jede Frau [hier: jeder Jugendlicher] im Sitzen ihre „Königin" - Haltung in Kontrast zur „Normal"- und zur „Kleinsein" – Haltung.

Ich lasse sie durch mehrmaliges Hin- und Zurückwechseln von Normalsitzhaltung zu Königinhaltung detailliert nachvollziehen, was sie ganz konkret rein körperlich dazu verändern. Bei der nächsten Zweierübung steht eine Partnerin in Königinhaltung, die andere soll von jeder Seite nähe kommen und die Königin sagt: „Stopp, nicht weiter", wenn ihre Grenze erreicht ist. Dann richtet jede Frau mit Gegenständen im Raum (Stühlen, Decken, Tüchern und diversen Requisiten aus der Materialkiste) ihr Königinnenreich ein, möglichst prächtig und schön, und mit der Aufgabe, die Grenzen ihres Reiches deutlich zu markieren. Dann können drei der Frauen sich eine andere als Grenzwächterin wählen und ihr genau sagen, was sie zu tun hat, um die Grenze zu schützen. Die restlichen vier Frauen gehen herum, „besuchen"... die drei Königinnen und überschreiten dabei die Grenzen. Danach wird im Gespräch genau ausgewertet, was sich an den jeweiligen Grenzen an konkreten Handlungen und Aktionen abgespielt hat, und erst dann im zweiten Schritt, mit welchen Gefühlen das verknüpft war."

Beispiel für Wahrnehmung des Bodens unter den Füßen:

„Eine spätere Gruppenstunde zum Thema „Wahrnehmung des Bodens unter den Füßen": Am Anfang beschreibt jede Frau ihren momentanen Zustand als Wetterbericht (Ruhe vor dem Sturm, Altweibersommer, Nieselregen...). Ich ermutige dazu, das Wetter möglichst detailliert zu beschreiben, durch Tages-, Nacht-, Jahreszeit u.a. zu ergänzen. Dann sucht jede ihren Platz im Raum, an dem sie sich wohlfühlt, geht die Grenzen dieses Platzes ab und klopft sie mit den Füßen fest. Ich lege Musik auf und gebe die Aufgabe, zu den Elementen Erde, Luft, Wasser und Feuer, zunächst einen Ton und dann eine Bewegung zu finden. Danach werden die Elemente gemalt, dann kreuz und quer Assoziationen zu „Erde" gesammelt. Die Frauen gehen an ihre Plätze zurück, finden einen Platz als Baum innerhalb ihrer Grenze und beschreiben die genaue Qualität ihres Bodens, ihres Baumes und die Jahreszeit."

(Lutz, 2002, S. 188 f.)

A.3.: Literaturempfehlungen

Boal, Augusto (1989): Theater der Unterdrückten: Übungen und Spiele für Schauspieler und Nicht-Schauspieler, Frankfurt am Main.

Hentschel, Ulrike (1996): Theaterspielen als ästhetische Bildung. Über einen Beitrag produktiven künstlerischen Gestaltens zur Selbstbildung, Weinheim.

Petzold, Hilarion/ Orth, Ilse (1991): Die neuen Kreativitätstherapien. Handbuch der Kunsttherapie Band I, 2. Auflage, Paderborn.